こころの行動と
発達・臨床心理学

Yukihiro Karube
軽部幸浩 編著

Rie Nagasawa　　*Takahiro Kurozumi*
長澤里絵・黒住享弘 著

福村出版

まえがき

　本書は，大学や専門学校で心理学を学ぶ学生のための最新のテキストとして，また，広くは心理学に興味・関心を寄せる多くの人たちへの，参考書として使用されることを目的として企画された。心理学のテキストは，これまでに多く出版されてきている。一口に心理学と言っても，その領域は多岐にわたっている。数多くの学会が国内に存在し，一般社団法人日本心理学諸学会連合に加盟している学会は56学会である。このような状況の中で，どの心理学の領域についてテキストに収めるのかを考えた結果，基礎的な知識と併せて，「発達」「対人関係」「臨床心理学」「コミュニケーション」を中心に作成した。

　心理学はハイブリッドな学問であり，隣接する研究領域から多くの知見を利用させてもらい，「こころ」の研究を行ってきている。そろそろ今まで以上に，心理学の研究で得られた知見を，隣接する研究領域や社会に還元する必要があろう。

　心理学を初めて学ぶ学生にとっては，「こころって何」「こころはどこにあるの」という疑問から始まり，「なぜ，物が見えるの」「何で，悲しいと涙が出るの」とさまざまな疑問が湧き出てくることであろう。そのような疑問全てに，答えられるような心理学のテキストはまずない。しかし少なくとも本書は，幾つかの疑問に答えることができ，かつ疑問を解き明かすきっかけになれることを願っている。

　したがって，本書を読むときには，第1章を最後に回すとか，第6章を飛ばして読むとか，極端に言えばどこからでも分かりやすいところから読み始めればよい。いろいろと足りないところや，欠点が目につくと思う。今後の批判を待って，より良いものに改めていきたいと考えている。

　最後に，本書の企画から出版に至るまで多大のご厚意を寄せていただいた福村出版に，深甚なる感謝を捧げる次第である。

2023年5月

編者
軽部 幸浩

目 次

第1章
科学としての心理学

第1節　心理学の歴史

1.　「こころ」とは

　心理学は長い間，その名のとおり「こころ（プシュケー）」に関する学問であるとされてきた。人類が「こころ」に関心を持つようになったのは，おそらくその誕生と同時であったであろう。走り，叫び，泣き，笑っていた人間が，死とともにあらゆる活動をやめ，石や土と同じような1個の物体に変わってしまう。この大きな変化を前にして古代人が考えたことは，人間は霊魂と肉体の2つのもの（実体）からなっているということである。死とは霊魂が肉体から去ってしまうことである。今日，古代人と同じように，「こころ」を実体と考える人はまずいない。そして，少なくとも，「こころ」と呼ばれているものは，神経系の機能に他ならないことを否定する人はないであろう。しかし，人間が「こころ」を実体としてではなくて，機能として考えるようになるまでには，長い年月が必要であった。

　古代から中世・近世にかけて，常識的に，宗教的に，あるいは哲学的に「こころ」についての解明が試みられたが，これらはいずれも日常的経験の単なる集約や主観的解釈であるか，あるいは経験を超えた論理的思弁であった。アリストテレスの著書にすでに「こころ」に関するものがあるが，「こころ」に関する学問は哲学の一部と見なされていた。そしてそれは，その後の哲学の中において長い歴史を持っていた（Ebbinghaus, 1920）。

2.　現代心理学の背景

　近世の哲学の主要な問題のひとつは，人間はいかにして正しい知識に到達するか，ということであった。フランスのデカルトに代表されるように，ヨーロッパ大陸では，人間に生まれつき備わっている理性の働きによって正しい知識に到達するという，合理論が支配的であった。これに対して，イギリスでは，「こころ」は白紙のようなもので，生後の諸経験の積み重ねによって正しい知識に到達するという，経験論が起こった。知識の問題が機縁となって，「こころ」に関することが哲学で論議されるようになったわけである。

　合理論の流れはドイツの観念論的心理学につながり，経験論には，ロック，バークレー，

ヒューム，ミルなどの連合主義の流れができた。このことはまた，合理論は心的機能の先天説に，経験論は後天説につながって，その後の心理学説に大きな影響を与えている。しかし，これらは全て哲学者が書斎の肘掛け椅子で考えたことであって，「肘掛け椅子の心理学」と言われるように，思弁的なものでしかなかった。

　ところが，18世紀から19世紀にかけて自然科学が目覚ましい発展を遂げ，CGS単位系（センチメートル・グラム・秒）の制定に代表されるような測定法の進歩，とくに19世紀に入ってからの生理学，物理学の実験的方法による諸事実の発見は，それまで思弁的に捉えられていた「こころ」の働きを生理学や物理学の言葉で表せるようにした。ベルとマジャンディによって，神経繊維に感覚神経と運動神経の別があることが発見され，ブローカは大脳の前頭葉に言語中枢があることを発見した。最初ウェーバーが弁別閾に関する法則として報告し，後にフェヒナーがそれをもとにして刺激強度と感覚強度の関係を表す法則として一般化したものは，ウェーバー＝フェヒナーの法則と呼ばれている。精神物理学的測定法の名で，感覚・知覚の測定に現在も用いられている方法の原型は，フェヒナーの著書『精神物理学綱要』（1860）の中に見いだされるのである。

3.　科学的心理学の誕生

　現代的な意味での心理学を樹立したのはヴントである。そのことは，ヴントが1879年にライプチッヒ大学に世界で最初と言われる心理学実験室を設けたことに象徴的に示されている。ヴントは，心理学の対象を直接経験としての意識であるとし，それは実験的内観法という心理学に特有な方法によって研究されるとした。内観法によって意識を分析した結果得られるものは，心的要素としての感覚と単純感情の2種であるとし，その要素の複合によって現実的な意識を説明しようと試みたのである。ちょうど化学において，物質を分子や原子に分解し再構成することによって自然現象を理解しようとするのに似ている。この彼の心理学は構成心理学とも言われる。このようにして，科学としての心理学は実験的方法による研究を進めるようになり，「肘掛け椅子の心理学」から，「鉄と真鍮の心理学」に変化した。心理学の研究を行うのに，鉄や真鍮で作った機器を用いて実験するようになったからである。またそれは「こころなき（実体としてのこころ）心理学」でもある。

　初期の科学的心理学には，主として生理学的な実験方法を応用したものが多かったが，ゴールトンが統計的方法によって人間の諸能力を研究し，エビングハウスが記憶を実験的方法によって研究するなど，科学的方法による心理現象探究の範囲を拡大していった。このようにして19世紀末から今世紀の初頭までの間に，心理学は独立の科学としての体裁をほぼ整えるようになった。

4.　現代心理学の流れ

(1) 行動主義心理学

　アメリカの心理学者ワトソンは1910年代に，ヴントに代表される従来の心理学は外部から観

察できない意識を対象とし，内観法のような主観的方法で研究しているが，それでは，心理学は客観的な科学になり得ないと主張した。心理学が公共性，客観性を持った知識体系を形成するためには，客観的に外部から観察される行動を対象として研究すべきであると，意識主義心理学を非難し，さらにパブロフの条件反射学を取り入れて，行動を刺激－反射の単位に分解して理解しようとした。これを行動心理学と言う。しかし後ではこの学派に属する人びとも，そのような簡単な図式で複雑な行動の理解をすることが困難なことを反省して種々の変容を遂げていった。

（2）ゲシュタルト心理学

ときを同じくしてドイツでは，ウェルトハイマー，ケーラー，コフカなどが協同研究の結果として，心理現象の全体性を重視し，全体の持つ特性にはそれを構成する要素に還元できないものがあるから，ひとつのまとまりとしての全体をそのまま研究すべきであるとした。ここに言う全体をゲシュタルト（形態）と呼び，その心理学をゲシュタルト心理学と言った。

ゲシュタルトはこれを勝手に要素に分解すれば，まったく別の物に変化してしまうので，ゲシュタルト心理学は，機械的分析と，それによる要素をもとにして心理現象を説明しようとする方法に極力反対した。なお心理現象の全体的な特性は，それに対応する神経系の活動の全体的特性と同じであるとする。かくして経験される全体としての現象の生起に関する法則と，それに対応する生理過程の力動的な機序を明らかにしようと試みた。このことは行動に関しても同じことで，やはりまとまりのある全体として理解すべきで，要素的なものに分析することができないことを述べている。

以上のような立場より，ゲシュタルト心理学は，ヴントの心理学は意識を感覚と単純感情の要素に分析し，行動主義心理学では行動を反射という要素に分解する，という要素主義的な立場では両者とも同じであると批判した。このゲシュタルト学説は今日そのままの形で引き継いでいる人は少ないが，その方法と知見とは心理学の多くの分野において取り入れられるに至っている。

（3）精神分析学

19世紀の終わり頃よりウィーンの精神科医であったフロイトは，人間の精神生活において重要な役割を果たしているのは無意識であり，意識の分析のみでは行動を深く理解することはできないとし，精神生活の力学を無意識の世界に求めた。私たちの精神活動において意識の占める部分はごくわずかで，大部分は無意識の領域に属している。イドは，リビドー（心理性的エネルギー）を蓄え，つねに本能的衝動となって意識面に現れようとするが，それは自我によって抑圧されて簡単には現れることができない。そこでこの精神活動を明らかにするために，いわゆる精神分析の方法によって意識の深層にある無意識に到達しなければならないこととなる。

ヴント以来，心理学の主要な研究対象は意識であると考えてきた当時の心理学者たちは，この精神分析学に対して好意的でなく，また事実や法則の発見というよりも解釈学的傾向が強いところから，科学的心理学の立場からはとかく問題視された。それにもかかわらずヒステリーの治療より発したこの学説の，治療における効果と，科学的心理学では見られない精神過程の深層に触

れるという魅力により，今では臨床心理学に重要な位置を占めるに至った。

(4) 行動の科学としての心理学

　今まで主要なしかも非常に異なる学説を代表として選び，現代心理学の流れを見てきた。その当時においても，またその後においてもおびただしい数の学説が出てきた。これはひとつには古くより心理学の対象とされていた「こころ」の捉えにくさ，ことにそれをいかなる立場より捉えるかという視点の不確実さと不統一によるのではないかと考えられる。この複雑なるもの（人間）の中心は「こころ」である。これをいかに取り扱うかの苦闘の歴史でもあった。しかし科学的心理学の進展に伴い，ことに1930年代頃より，ある程度の統一が見られるようになってきたと言えよう。立場の相違と言うよりも，取り扱い方および強調点の相違はいかなる科学にもあることである。心理学においても大筋において，多種多様の立場はしだいに1か所に収束してきたと言える。すなわち，今日心理学は行動を研究する科学であると言っても，異議を唱える人がほとんどいなくなった。

第2節　心理学の課題

1．心理学の対象

(1) 意識と行動

　人は環境の中で生活し，それを利用し，他の動物には見られない文化を生み，より良い生活をし，より良い子孫を残し，人類全体の幸福と発展を目指している。この複雑な営みをする人間を理解するには多くの方法があるが，心理学はそれを科学的に研究しようとするものであることは前節に述べた。ここでは現代の心理学がこの人をいかに研究しようとしているかを，もう少し詳しく見る。

　ワトソンの行動主義（Watson, J. B., 1925）は，科学的であろうとして「こころ」も意識もない心理学となったが，私たちが心理学に期待するものはそのような自動機械的な人の研究ではない。私たちが研究の対象とするものは，人間と言われるにふさわしい豊かな感情や思想を備えた具体的な人でなければならない。ただその研究法が，思弁的な，独断的な前提や推論に基づく解釈学的なものではなくて，あくまでも科学的方法に準拠したものでなければならない。

　行動主義者は意識には客観性がなくて，かかる主観的なものは科学の素材にはなり得ないとした。しかし最も客観的な学問であるはずの物理学も実験者が目盛を読むことによって成立し，物理学者のいわゆる意識を通さずには存在し得ない。ただ意識と言われるものには個人的な経験にすぎないものもある。科学の特長のひとつは必ずそれが公共的な共主観的な知識であり，何人もそれを確認し得る可能性を有することにある（これはもちろんその人の意識を通してである）。そのために科学の素材となり得るものは，誰もが認め得るものでなければならない。すなわち意識も言語的報告あるいはその他の形で公共化されたとき，初めて素材となり得るのである。それ

はちょうど身体的な行動が客観的に認められるのと同じことである。私たちは身体的活動の背後に身体内部の種々の変化を想定し，さらにその基底や言語表現の背後に意識と呼ばれるにふさわしい中枢神経活動を想定しているのであって，その間には何の区別もあり得ない。意識心理学者のヴントなどが実際に研究したのもそのような素材をもとにしたのであり，意識を対象にするから主観的であっていけないということには方法論上の混乱が見られる。ヴントの心理学が否定されるのは，むしろそれとは別に，意識的事実の取り扱い方にあったのである。

こう見ると意識は公共性を得るために報告されねばならない。ということは自分自身の意識について，いくら分析や解釈をしてもそれのみでは公共性はなく科学の素材とはなり得ない。それとは逆に主観的であるに違いない幻想や，精神病者の独白もそれが報告されたものとなれば科学の素材になり得るのである。換言すれば，行動の観察はあくまでも第三者についてのものでなければならない。自分の意識活動も第三者から見たものとして初めて素材となり得る。私たちは他人の意識について直接知ってはいない。自分の赤という経験と，他人が赤と報告した経験がまったく同じものだという保証はどこにもないのである。そこで他人の行動（言語的活動をも含めて）について観察し，その中の意識活動と呼ばれるにふさわしいものを意識（他人の）という言葉で表現しているにすぎない。

(2) 行動の意義

ここで行動とは，第三者によって認められるもの全てを呼ぶとする。その中には身体的活動や言語や表情，さらには個々の腺の活動や器官の活動まで含まれてくる。神経活動や身体器官の活動は，生理学の研究対象とされているが，このように見れば心理学と生理学の研究対象には本質的な相違はなくなってくる。トールマンは，行動を分子行動と全体行動とに分けた。前者は，個々の神経や腺などの活動を指し，後者は歩くとか，話をする，食事をする，などという一連のまとまりを持った合目的な行動であって，普通に見られる人の行動を指している。これは単なる反射の機械的連鎖ではない。さらに前者は主として生理学で，後者は主として心理学で研究されるとしている。このトールマンの考えは，基本的には現在の心理学は行動の科学であるという定義に合致している。ここに言う行動とは，繰り返すまでもないことであるが，ワトソン流の狭いものではなくて広い内容を持つものである。

意識と言われ精神活動と言われるにふさわしい機能は，神経活動を除いて考えることはできないし，感情的な興奮時における心臓の高鳴りも身体的な変化であって，これらは実際の研究の上でも密接な関係がある。

2. 科学的研究法

(1) 科学の定義

今まで科学的とか科学的研究とかいう言葉がしばしば出てきたが，それでは「科学とは何であるか」ということについて触れる。科学を科学たらしめるものは，その研究法であると言われる。

科学とは，ひと言で言えば，「経験（観察）より出発して一定の限界内において理論的操作を経て，それにより経験したものの法則性を明らかにし，説明しようとする学問」である。その際に用いられる理論や法則の正当性は，ふたたび経験に立ち戻り，それに照らして検討されるべきものであって，単なる思弁によって当否が判定されるものではない。しかも上の手続きの間に何らの不明確な推論や独断の入り込む余地を残すべきでない。

　このように科学は，方法論上の厳密性を重視するのであるが，また同時に認識論上の限界を持っている。たとえば物質の存在とその合法則性を否定したのでは物理学はあり得ない。そこが哲学や形而上学などと異なるところである。さらに経験するとか観察するとかいうことは，私たちの感覚器官で捉えるということで，それ以外のものは含まれていない。これは科学の重要な特徴であるが，人間の観察能力には限界があって，ここにも科学の限界がある。もっとも直接的に観察できないものでも，間接的にその存在が確認できるものもある。空気などもその例であって，これにより科学の範囲は直接観察可能なものよりも広いと言える。

(2) 実験

　実験は観察のひとつの手段である。科学が急速に発展したのは実験のためであるとよく言われる。実験とは，現象生起の条件を操作し，コントロールすることによって，自然に生じるときとは異なって，その生起に関与すると考えられる多くの要因をできるだけ分離して，各要因の現象生起への寄与の方法と度合いとを観察する方法である。正確に言えば実験的観察といって，自然的観察に対位される観察法の一種である。

　さらに以前の実験について述べられた条件さえ整えば，いつ，誰でも反復して観察できるので観察の正確性や，公共性が増大してくる。確かに，現在の科学は実験的手法を用いることによって長足の進歩を遂げた。しかしながら，現象によっては実験的操作にかからないものもある。またサルの生態の研究など自然的観察の方が優れているものも多い。こと人間に関することとなると，危険を伴うこともあり，また非常に複雑な事象，たとえば性格に及ぼす遺伝と環境というように実験できないものも多い。これらのものは，自然的観察に基づく記述に種々の操作（論理的，数学的）を加えてその現象を解明しようとする。また可能な場合には，人の代わりに動物を用いて実験をすることもある。医学・薬学・心理学でも，人の研究のために動物を代用して実験することが多いのはそのためである。そこでは系統発生的な連続性が信じられているのであるが，動物で見いだされたことが全て人間に置き換えられるものでないことも明らかである。

(3) 科学における記述

　実験を含めて観察された事象は，個人的なものである限り，科学の素材にはなり得なく，まずそれは記述されなければならい。そして，客観性を持ったものでばければならない。その客観性は条件さえ整えば，誰でもふたたび観察し，確認ができるという公共性の上に成り立っている。さらに記述を正確にし，公共性を持たせるためには，記述に用いられる概念が一義的で，明確なものでなければならない。そこで，科学で用いられる概念の内容は，その概念が得られた操作と

同一であるべきであるとする考え方がある。これを概念の操作的定義と言う。

　たとえば同じ長さと言っても，「ものさし」「タコメーター」「三角測量」のいずれで測られたものかによって，事実として現れるところは，正確に言えばかならずしも一致しない。すなわち，長さという概念もどんな操作で得られたかを示さなければ，その意味するところは明確にならない。このことは知能でも同様で，いかにしてどんなテストで測られたかが分からなければ信頼できない。この操作的定義ということにも厳密に言えば，いろいろと問題はあるが，とにかく科学的記述においてはできるだけ概念が正確で，その表現が一義的になるような努力が払われている。ことに心理学に多い意識的とか精神的とか言われるような属性についての記述には，よほど概念を吟味しなければならない。ともかく事象が記述されると，次にはそれがいかにして生じるかを説明する段階となる。その説明の程度に応じて理解が深まっていく。

（4）科学における説明

　科学的説明とは，事象やその変化が起こったか，なぜ生じたかを，より一般的な原則によって示すことであるとされている。さらに言えばそれは，事象間の機能的関係や因果関係が，法則とか理論とか言われているものの中に矛盾なく包摂されることである。もともと観察された事象は，その事実だけでは，その機能や他の事象との関係が明確にならないものが大部分であるので，推論によってある構成体を作り，それによって逆にこの関係を明確にしようという試みがなされる。これが法則とか理論とか言われるものである。

　法則は多くの事象に共通する特性や機能をまとめて，何がしかの規則的，不変的な関係を示したものであって，経験法則と言われることもある。本来，個別事象から帰納されたものであるが，一般にそれは普遍的な形で表現される。さらにこの法則を体系づけたものが理論である。それは法則間の関係を示すために構成されたものであるが，逆に今までに知られていない，事象間の法則的関係を予測することもできる。それはともかくとして，説明のために作られた法則や理論は合理的な思考だけでなく，事実との対応によって，それらの妥当性が検証されなければならない。そこで初めてその法則や理論の当否，説明の当否が判定されるのである。

3.　心理学の研究法

　行動とは環境内における人の活動を意味するが，行動を解発する特定の限定された要因をとくに刺激と言い，これに対応する比較的単純な行動を反応と言う。「環境－行動」「刺激－反応」という語が互いに結びついて用いられることが多い。また，刺激という語は正確に言えば，生活体の感覚器官の興奮を生じる物理化学的エネルギーを指していて，これを近刺激と言い，そのエネルギーの発生源，たとえば光源とかピアノなどを遠刺激あるいは刺激対象と言うこともある。しかしこれらの言葉はかならずしも厳密に区別して用いられてはいない。両者を一緒にして単に刺激と言うことも多い。ところで心理学の目的は，前に述べた広い意味での行動がいかにして生じるかという法則性を明らかにすることであり，それは人間理解の基本となるものである。これを

ウッドワースはS－O－Rという簡単直截な形で示した（Woodworth, 1929）。ここにSは刺激，O は生活体（人や動物），Rは反応を意味する。ワトソン流の考え方では，S－Rといういっそう簡単な結びつきが考えられるが，反応はあくまでも生活体のものであって，S－Rの機械的な結びつきで全ての行動が説明できるものではない。刺激に対して反応が生じるのであるが，その間に生活体独自の活動が介在する。その介在する過程は今までのところ明らかではない。そこに何を考えるかによって種々の研究法と理論が分かれてくる。生活体の内部の過程を神経生理学的なものとして考えるか，意識的なものを考えるか，無意識的なものをも含めて考えるか，いずれにしても今までのところ完全に説明し得る理論はない。ハルやトールマンのように，Oを独立変数S，従属変数Rの間に介在する仲介変数として捉え，その間の関数関係を厳密に表示しようとする方法もある。しかしこの仲介変数は簡単なものではなくて，非常に複雑なものとなってきて，ただちに行動の全法則を明らかにするにはほど遠い。

　そこでワトソンとは全然発想は異なるが，Oには一応触れないでまずSとRの関係を見ようとする方法もある。ウェーバー＝フェヒナーの法則もSとRの関数関係を示している。現在でも，精神物理的測定法で測定される法則には，これに類するものが多い。また入力（インプット）に対する出力（アウトプット）として，Oは暗箱（ブラックボックス）として，その中は不明なものとして扱って，工学的な概念を借りて両者の間の関数関係を求めようとする試みもある。

　グレアムは，$R = f(a, b, c,\cdots\cdots n \cdots t \cdots\cdots x, y, z)$ のような式を示した。ここにa, b, cは刺激，nは刺激提示回数，tは提示時間，x, y, zは生活体の条件である。特定の条件だけを変えて他は恒常に保ち，それと反応との関係を求められる。たとえば，$R = f(a)$ を求めれば，これは知能などの研究，$R = f(n)$ は学習，$R = f(x)$ は感情などの研究になるとする。まずこれらの関数関係を確立してから，すなわち経験法則を確立した後において，それらをもとにしてOの中の条件の究明をしようという考え方も多い。レヴィンは，$B = f(P, E)$ という方程式を示した。Bは行動，Pは人，Eは環境である。この式の行動は，人と環境との関数であるという分かりの良い形であるが，じつのところP, Eは独立変数ではなくて，心理的人，心理的環境を指している。したがって仲介変数としての意味を持っているもので，それと独立変数との関係を明らかにしなければならず，この関数の形は容易に決まるものではない。

　いずれにしても，このような行動生起の法則性に関して，種々の仲介変数や構成体，仮説やモデル，理論が考えられている。

　すでに述べたように心理学は150年以上前から科学としての道を歩み始め，人間の行動法則の確立ということを目的としているが，人間理解の全てが心理学で可能になるというものではない。科学的認識の方法論上の限界はもちろんのことであるが，単細胞動物1個の行動の方が全無機物界の法則性よりも複雑であると言われるくらいであるので，科学的方法による人間理解がそう簡単に完全な域に達するものでないことは明らかである。

　ただ科学的方法以外で人間の「こころ」や精神活動，行動を明らかにしようという試みは人類の歴史とともに始まったのであるが，今まで十分な知見が得られなかったのも，明らかな事実である。

人間の理解には心理学だけが寄与し得るものではない。哲学，宗教，芸術，社会学，人類学，医学など多くの学問が関係している。そこから得られた多くの知見も，心理学に劣らず貴重なものである。それぞれが，それぞれの道を進んでいるが，心理学はあくまでも科学的にこれを追求するということを歴史に教えられ，その道を選んで進んでいるのである。

第3節　心理学の領域

1.　領域の分け方

　人間の行動はじつに多方面にわたっているので，それぞれについての研究部門が次々にできてきた。医学を大別すると，基礎部門と臨床部門とに分かれるように，心理学においても基礎部門と応用部門とがある。基礎部門は人間行動の科学的理解が究極の目的であり，応用部門は現実の生活をより良くするために心理学を役立たせようとするところに目的がある。しかし当然のことながら両部門は究極のところ，人間生活をより良く，実り豊かなものにすることに関わっていることにおいて相違はない。一般に応用とは基礎的な知識を実際場面に適用することだと考えられているが，かならずしもそのように簡単なものではない。応用部門にも独自の目標と方法があって，その知見が基礎部門に取り入れられ，それの進展を促すことも多い。結局，両部門の区分はそれほど明確なものではなく，相対的なものであると言える。

　さらに学問の進歩は，研究分野の細分化を促すとともに，今まであまり関係がないと考えられていた学問間の関係が新たに問題となったり，それらの間の境界領域の研究が盛んになるなど，研究領域の再編成，統合化も進みつつある。たとえば生物学，医学，心理学などを含めて新しく生命科学などという分野が生じた。

2.　心理学の諸領域

　心理学の基礎部門と応用部門の区分は，1の項で述べたように多分に便宜的である。おのおのの下位領域もまた厳密に系統立てて区分することは困難であるが，慣習的に次のように分けることができる。

(1) 基礎部門

・実験心理学：ほとんどの心理学的研究は実験的手法を用いるという点で実験心理学と言えるが，とくに行動のうち生物学的側面，たとえば知覚，学習，記憶，思考，動機づけ，情動などを研究する領域を言う。
・比較心理学：いろいろな生物の行動を，おもにその差異と類似との観点から比較研究する領域を言う。
・発達心理学：実験心理学で述べた諸機能を個人の発達という観点から研究する領域を言う。

- パーソナリティ心理学：人の行動を統一的，全体的にパーソナリティとして捉え，研究する領域を言う。さらにそのうちの異常行動を研究する部門を異常心理学と言う。
- 社会心理学：人の行動をその社会的環境との関係において捉えてゆく領域を言う。

（2）応用部門

- 教育心理学：教育科学の基礎理論と現場における教育に貢献することを目的とした研究領域を言う。
- 臨床心理学：精神医学と密接に関連して，精神障害，不適応行動などの診断および治療を目的とした領域を言う。
- 産業心理学：生産活動の場において，活動に従事する人の作業環境や人間関係などを改善することを目的として，整備されるべき種々の条件を研究する領域を言う。
- 交通心理学：交通場面における運転者，歩行者，旅客などの行動特性を解明し，交通事故や交通トラブルの防止に寄与することを目的とした領域を言う。
- 災害心理学：地震，津波，火山噴火，台風などの自然災害や，火災，爆発，航空機事故や鉄道事故などの人為災害に対する人間の心理，行動的な現れなど，またそこからの生還など，行動科学的な指針を含めて，災害と人間心理の関係を研究する領域を言う。
- スポーツ心理学：スポーツに関わる課題を心理学的側面から明らかにして，スポーツの実践や指導に科学的知識を提供することを目的とする領域を言う。
- 犯罪心理学：犯罪を病理現象として扱う領域を言う。とくに犯罪者の治療，教育を目指す場合，矯正心理学と言う。

【参考文献】

Ebbinghaus, H.（1920）. *Abriss der Psychologie*. Walter de Gruyter & Co.

Fechner, G. T.（1860）. *Elemente der Psychophysik*. Erster Theil. Breitkopf und Härtel, Leipzig.

日本応用心理学会（編）（2022）. 応用心理学ハンドブック. 福村出版.

高木貞二（編）（1961）. 心理学（新版）. 東京大学出版会.

Watson, J. B.（1925）. *Behaviorism*. W.W. Norton & Company, Inc: New York.

Woodworth, R.（1929）. *Psychology*（revised edition）（2nd ed.）, Henry Holt.

八木冕（編）（1967）. 心理学Ⅰ・Ⅱ. 培風館.

第2章
神経系

第1節　神経系

　神経系は中枢神経系と末梢神経系に分けられる。中枢神経系は脳と脊髄からなり，脳はさらに大脳半球（終脳あるいは大脳とも呼ばれる）と，間脳，中脳，橋，延髄そして小脳に分けられる。間脳，中脳，橋，延髄は，脳幹と呼ばれ，中脳，橋，延髄は構造的・機能的にもひとつの連続体と考えられることから下位脳幹と呼ばれる。末梢神経系は，脳と脊髄から延びて身体全体に広がる全ての神経系のことを言う。末梢神経系は，自律神経系と脳脊髄神経系よりできている。神経系の詳しい分類を図2.1に示す。

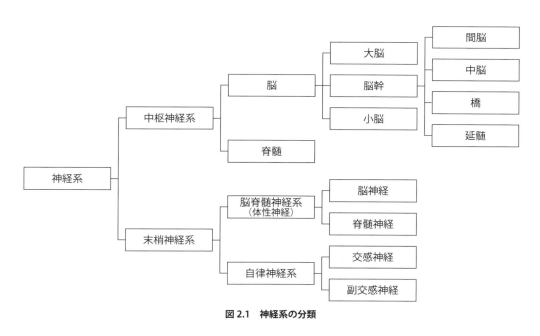

図2.1　神経系の分類

1.　ニューロン

　ニューロンは神経系を構成する単位であって，神経細胞とその突起よりなる（図2.2）。突起に

は2種類あり，細胞体より幾つか出ている短い突起を樹状突起と言い，長い突起は軸索（神経突起）と言う。神経線維には髄鞘があるものと，ないものとがある。

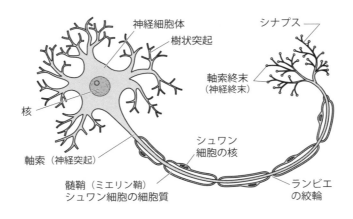

図2.2 ニューロン （山田，2016）

　髄鞘のあるものを有髄線維と呼び，ないものを無髄線維と言う。髄鞘は一定の間隔をおいて途切れており，この途切れた部分をランビエの絞輪と言う。無髄線維の場合，興奮の伝導速度は遅い（0.6～2.3m/sec）が，有髄線維の場合は速い（3～120m/sec）。ニューロンとニューロンとが連絡する場所をシナプスと言う。シナプスは軸索神経線維の末端と樹状突起との間，あるいは，細胞体と細胞体との間に存在する。

2.　神経の静止電位と活動電位

　神経線維の内側はカリウムイオン（K^+）濃度が高く，外側はナトリウムイオン（Na^+）と塩素イオン（Cl^-）濃度が高い。その内側と外側の間には細胞形質膜があり，比較的高い電気抵抗と選択透過性を持っている。静止状態ではK^+に対する透過性が高いので，K^+は外側へ流れ出す。内側からプラスの電荷を持ち出すので膜の内側は外側に対してマイナスになり，これが分極と言われる。マイナス電位は，K^+を引きつけるので，K^+が無限に外側へ出ていくことはなく，ある一定の所でイオンが移動しなくなる。そのときの電位差を静止電位，または膜電位と言う。ここで，神経線維を電気的に刺激して興奮させると，膜を挟んで成立していた分極が崩れて静止電位は減少する。その大きさがあるレベルに達すると数msecの時間内において膜の内側が外側に対して陰性電位となり，またすぐもとに戻るという一過性の変化が起こる。これをスパイク電位と言う。神経の活動電位はスパイク電位に続いて15msecくらいの脱分極の状態が起こり，これを陰性後電位と言う。その後，約60msecの過分極があり，これは陽性後電位と言われる。神経の興奮性は活動電位に対応して変化する。スパイク電位が発生すると，その直後の興奮性はなくなっており，いかなる刺激を与えてもスパイク電位は現れない。この時期を絶対不応期と言う。

この時期を過ぎると刺激が強ければ不完全ながらスパイクが現れるようになる。つまり，反応閾が高く，興奮性が低い時期であり，これを相対不応期と言う。

　相対不応期の後，一時的に興奮性が正常よりも高くなる過常期があり，次いで興奮性が正常よりも低くなる次常期があり，こうした経過を経て興奮性は刺激前の状態に戻る。

3.　シナプス伝達

　シナプスを興奮が伝達する場合は神経繊維における興奮伝導とは異なっている。神経線維の場合1か所が刺激されると両方向に興奮が伝導される。しかし，シナプス伝達の場合は，細胞体の軸索から別のニューロンの神経細胞へと興奮が伝わるが，決して逆の方向には伝わらない。

4.　反射

　反射とは知覚刺激によってインパルスが生じ，これが中枢を経てしかも意識に上ることなく遠心性インパルスとなり，筋，腺等の効果器に作用が現れることである。反射の中には大脳がかならずしも関係する必要がなく，末梢神経と脊髄とだけで生じる反射があり，これを脊髄反射と言う。よく知られている例が膝蓋腱反射である。脊髄反射の場合，知覚刺激によるインパルスは求心性線維を通って，大脳まで上行することなく，脊髄のレベルで連絡線維によって仲介されて遠

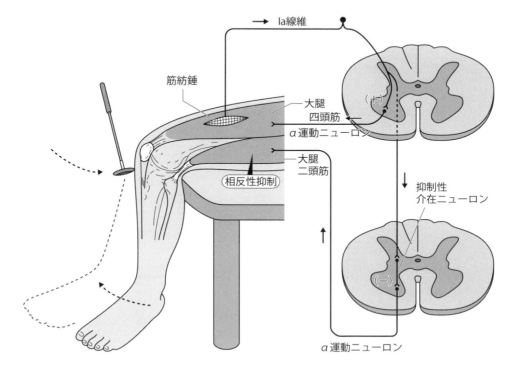

図 2.3　膝蓋腱反射の反射弓（岡田・鈴木・長岡, 2018）

心性線維に切り替えられ，そして効果器に達する。こうした反射におけるインパルスの伝導路は反射弓と言われ，受容器，求心性繊維，反射中枢，遠心性繊維，効果器よりなる。膝蓋腱反射を起こす刺激は筋の伸張で，その受容器は筋の中にある筋紡錘である。筋紡錘が刺激されると求心性繊維によって興奮が脊髄の反射中枢へ伝えられ，そこからα運動ニューロンを経て戻り筋へ来てこれを収縮させる。膝蓋腱反射の反射弓を図2.3に示す。

5. 反射時間と反応時間

　刺激を与えて反射が起こるまでの時間を反射の潜時または反射時間と言われる。反射時間は反射弓が短くてシナプスを含むことが少ないものほど短く，膝蓋腱反射では20msecくらいで，瞳孔反射では180msecくらいである。反射の場合は刺激と反射が，1対1の関係にあり，刺激に対して意識，意志とは無関係に反応が引き起こされる。これに対して，意識行動が介在する反応時間では刺激と反応との間には固定的な関係がないが，当然のことながら反射に比べて長く時間がかかる。たとえば，光がつけばできるだけ速く反応キーを押すといった事態では，被験者は指示された反応を意識的に遂行しなければならない。その刺激提示から反応までの時間，換言すれば反応潜時を反応時間と言う。

　歴史的に見ると反応時間が問題になったのは天文学の領域（1795年）であり，とくに観測時間で人による遅れがあった。これが19世紀になってドイツの天文学者ベッセルによって問題にされ，そして反応時間には個人差があるということが確かめられた。反応時間についての研究は，科学的心理学の最初の実験室であるヴントの実験室における最初の研究題目ともなっている。反応時間は，個人差はもちろんのこと刺激の種類と強度，反応の方法と種類，練習，注意などの要因によって変動する。刺激の種類，性質による反応時間の相違を表2.1に示す。

表2.1　刺激のモダリティによる反応時間の相違 (Morgan, 1943)

刺激のモダリティ	反応時間 （msec）
視覚	150 ～ 225
聴覚	120 ～ 185
触覚	115 ～ 190
嗅覚	200 ～ 800
味覚	305 ～ 1080
痛覚	400 ～ 1000
冷覚	150
温覚	180

　反応時間課題で刺激と反応が，1対1の関係にあるものを単純反応と言い，刺激と反応が1対1の関係になく被験者が反応を選択しなければならないものを選択反応と言う。一般に選択反応は単純反応に比べて反応時間が長い。

6. 中枢神経

　脳は発生学的に見れば外胚葉からできる神経管の一端が膨れたもので，それの延長が脊髄である。人間の脳で最も大きい部分は大脳であって，それは左右2つの半球よりなっている。この部位は終脳とも呼ばれ，皮質と髄質とよりなっている。その下方には図2.4のような諸部分がある。

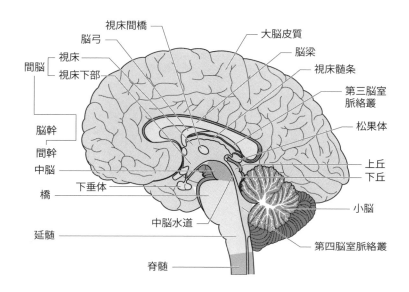

図 2.4　中枢神経の区分（山田，2016）

　延髄には生命の保持に重要な自律性反射の中枢が数多くあり，その中に呼吸中枢，心臓中枢，消化器中枢，血管運動中枢などがある。橋は延髄と上位の脳を連絡する伝導路としての役割を持ち，中脳は姿勢反射と眼の運動の反射中枢としての機能を持っている。小脳は身体各部の運動の平衡的協調を行う。間脳は視床と視床下部に分けられ，視床には聴覚神経の中継所である内側膝状体と視覚神経の中継所である外側膝状体が含まれている。視床は末梢から大脳皮質の知覚領へ行く途中にある中継所であり，また，脳の各部と大脳皮質との間の連絡も多くはここで行われている。視床下部には物質代謝の調節中枢，水分代謝の中枢，睡眠の中枢などがある。

7. 大脳皮質と大脳辺縁系

　大脳皮質は新皮質，古皮質，旧皮質の3つに区分することができる。系統発生的に見ると旧皮質，古皮質，新皮質の順に古く，人間において新皮質の占める割合は最も大きくなっている。

　人間の大脳半球の表面は新皮質で占められており，古皮質は大脳半球の中へ押しこめられ，旧皮質は大脳半球の底面へ押しやられている。新皮質は感覚伝導路の終末である感覚野，運動をつかさどる運動野，主として皮質の他の部位への線維の連絡場所である連合野に分けることができる。感覚野・運動野のうち，最も基本的な役割を担っている部位は「一次」，統合的な役割を

担っている部位は「連合」，というように区別される。とくに，連合野は高等な精神過程に関係し，系統発生レベルが高くなるほど連合野の占める割合が増加する。人間では連合野の発達が著しく新皮質の3分の2以上がこれに属する。皮質の機能には局在があることが知られており，その局在とブロードマンの脳地図を図2.5に示す。古皮質と旧皮質を含めて，これらを大脳辺縁系と言い，動機づけなどに関係する。

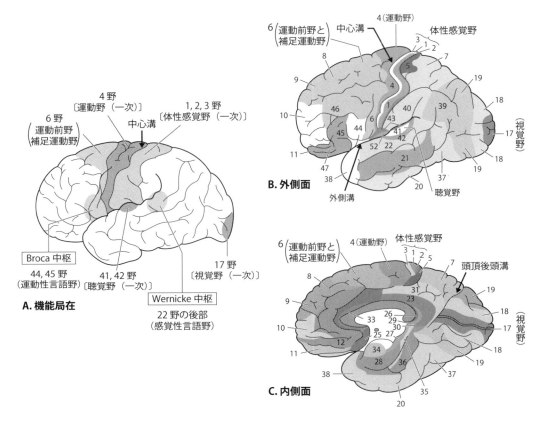

図2.5　大脳皮質の機能局在とブロードマンの脳地図（岡田・鈴木・長岡，2018）

8.　末梢神経

　末梢神経には運動，知覚など動物性機能に関係する体性神経（脳・脊髄神経）と呼吸，循環，消化，栄養など植物性機能に関係する自律神経がある。自律神経は交感神経と副交感神経に分けられ，ほとんどの内臓は交感・副交感神経の二重支配を受けている。これら2つの神経は，その機能において主として拮抗していて，一方が優勢になれば他方は劣勢になる。通常，これらはいつも均衡を保っている。

第2節　知覚の生理学的基礎

　代表的なものとして「視覚」「聴覚」を取り上げる。物理・化学的エネルギーが受容器に達するとその刺激が感覚神経インパルスに変換され，そのインパルスは求心路を上昇し，それぞれの視床中継核を通って，各感覚野へ到達する。ほとんどの視床核と皮質感覚部には各感覚様相についての局在が認められるが，嗅覚については明白になっていない。

　光刺激を受容するのは錐体と桿体である。中心窩は視力の最も良い部分で錐体だけが集まっており，周辺に行くにつれて錐体は少なくなる。これに反して，桿体は中心窩にはなく，周辺で密度が高くなっている。解剖学的に見ると，網膜を出た視神経は脳底面の視神経交叉で鼻側の半分が交叉し，視床の外側膝状体で終わっている。外側膝状体から出る線維は視放線となって大脳皮質の視覚野に達する。

　視覚野は視空間の知覚をつかさどっているところである。動物の視覚野を全て除去すると三角形と四角形などの弁別ができなくなる。ところが，光をつけたときと消したときの弁別はできるので，この明暗の弁別は皮質よりも皮質下中枢で行われていると考えられる。人間の場合は少し事情が異なり，皮質を除去すると視覚がまったくなくなるので，皮質が皮質下の役割をしていると見られている。

　聴覚の受容器は内耳の蝸牛管にあるコルチ器官である。鼓膜から耳小骨を経て前庭のリンパに伝えられた音の振動は，鼓室階のリンパに伝わり基底盤を振動させて，有毛神経に機械的刺激を与え蝸牛神経のインパルスとなる。このインパルスは内側膝状体で中継されて側頭葉の皮質聴覚野に達する。

　ペンフィールド（1950）は，手術によって精神病患者の頭蓋を開け外科的治療を試みた。その際，大脳皮質の幾つかの部位を電気的に刺激して患者に言語報告を求めた。たとえば，後頭野の下部の所を刺激すると動いている小さい色のついた光が見えたり，側頭野に近い後頭野の下部を刺激すると眼の中にフラッシュを感じたりした。側頭野の下部で後頭野に近い所を刺激すると耳の中に小さい音が聞えてきたり，側頭野の中ほどの下を刺激すると木の間を通り抜ける風の音が聞えてくる。この視覚と聴覚の事例で示されるように大脳皮質には各感覚の代表部があり，これがまた小さく分化していることが皮質の電気刺激によって確証された。さらに，異なった過去の知覚経験が違った皮質部位の電気刺激によって喚起されるという興味ある事実が示された。

第3節　学習の生理学的基礎

　条件づけの生理学的基礎を示唆したものとして，まず，パブロフの研究が挙げられる。パブロフは大脳皮質を除去すると条件反応は消失し，また，大脳皮質を除去した動物では条件反応が形

成できないことから，条件づけは大脳皮質で生じていると解釈した。音を条件刺激とし，食餌を無条件刺激とした古典的条件づけを例に取り，条件づけの生理学的基礎を示すと次のようになる（図2.6）。

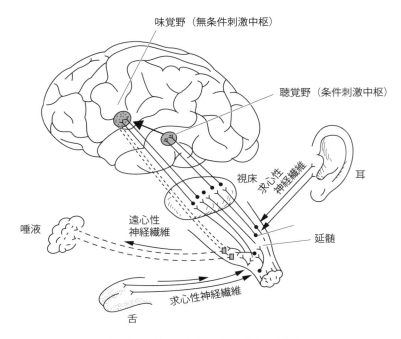

図2.6　条件づけのメカニズム（Bykov, 1955）

　条件刺激である音が提示されると，音は受容器（耳）で神経インパルスに変換されて求心性神経線維を通って，延髄，視床を経て大脳皮質の聴覚野を興奮させる。一方，無条件刺激である食餌が与えられると，それが舌を刺激し，求心性神経線維を通して味覚野を興奮させる。味覚神経により延髄の唾液分泌中枢に伝えられ，遠心性神経線維を通して唾液が分泌されるとともに，皮質の味覚野にも伝えられて興奮を起こす。聴覚野（条件刺激中枢）の興奮と味覚野（無条件刺激中枢）の興奮がほとんど同時に生起し，それが反復すると両中枢の間に条件刺激中枢から無条件刺激中枢への結合路が生じてくるようになる。この結合は永久，不変のものではなくて，一時的結合である。結合路が出来上がると，無条件刺激が与えられなくても唾液分泌は生じるようになる。つまり，音が条件刺激中枢を興奮させ，その興奮は一時的結合路を伝わり無条件刺激中枢を興奮させて唾液を分泌させるからである。この場合，唾液は味覚刺激によって生じたものではなくて条件刺激中枢からの興奮によってもたらされたものである。パブロフは，このように，条件反応を大脳皮質での一時的結合によるものであると説明している。しかし，パブロフの説明は末梢の唾液腺や筋の活動の観察をもとにして組み立てられたものであり，中枢の活動を直接記録することで得られたものではない。条件反応の神経機構についての研究は数多くあり，現在では，条件づけはパブロフが考えていたようにかならずしも大脳皮質で生じるものでないことが知られ

ている。ある報告によると，イヌの皮質を完全に除去しても条件唾液反応は残っているということであり，また，別の報告では簡単な条件づけは十分に形成できることが示されている。これらの研究から条件反応の基本的な部分は皮質下でも形成されているということが示される。

第4節　行動と脳電位変動

　脳電位変動は人間の場合，頭皮の上に電極を置いて測定され，その電位変動は脳波と言われる。脳波は脳の構成単位であるニューロンの電気的活動の総和であり，脳の活動レベルが反映されていると考えられる。正常人では毎秒10Hz前後の大振幅の規則正しい波が現れる（α波）。ところが，興奮するとゆっくりとした波が消えて，速いサイクルの波が現れる（αブロッキング）。逆に睡眠の場合は遅いサイクルの波が出現するようになる。

【参考文献】

Bykov, K. M.（1944）. *Кора головного мозга и внутренние органы*. НАРКОМЗДРАВА СССР МЕДГИЗ.
　　（ブイコフ，K. M.（著）京大ソヴェト医学研究会（訳）（1955）. 大脳皮質と内臓器官. 英徳社.）
Morgan, C. T.（1943）. *Physiological psychology*. New York: McGraw-Hill.
岡田隆夫・鈴木敦子・長岡正範（2018）. 標準理学療法学・作業療法学：専門基礎分野　生理学　第5版.
　　奈良勲・鎌倉矩子（監修）. 医学書院.
Penfield, W. & Rasmussen, T.（1950）. *The cerebral cortex of man: A Clinical Study of Localization of Function*.
　　New York: The Macmillan.
時実利彦（1962）. 脳の話. 岩波書店.
時実利彦（1966）. 脳の生理学. 朝倉書店.
山田幸宏（監修）（2016）. 看護のための病気のなぜ？ ガイドブック. サイオ出版.

第3章
知覚と認知

第1節　環境の認知

1.　知覚の意義

　現前の環境の事物や事変，あるいは身体の状態を認知することを一般に知覚と言う。生理的過程としては，特定の物理的・化学的エネルギーが感覚器官の受容器を刺激し，その興奮が求心性神経を通って大脳中枢に伝わることによって知覚が成立する。中枢において成立する知覚過程には，単に局所的な刺激のみでなく，もっと広い刺激布置一般の状態，その生活体の神経系統の特有の性質，その際の生理的状態，要求，特殊な態度，先行経験の効果などの内的な諸条件があずかっている。こういった全体的行動ではなくて，比較的局所的な刺激が感覚器官に与えられ，それに対する反応のみが考えられるようなとき，言い換えれば知覚の強さや性質の次元と刺激との直接的な対応を，特定の感覚器官について研究するときなどには知覚と言わずに一般に感覚という言葉が用いられている。このように感覚と知覚の区別は便宜的である。

　環境の認知，つまり知覚は生活体にとって重要な意味を持っている。人や動物は，環境に適応した行動を取って自己の生存と繁栄を図るためには，環境の状態を知り，行動の手掛かりとなるものを見つけなければならない。知覚はまさにこの機能を果たすために成立するのである。

　ところで知覚が成立するためには，刺激の働きかけがなければならないが，ときとするとそれがない場合にも事物や事変を認知することがある。これは幻覚と言って知覚とは区別される。

2.　精神物理的測定法

　知覚や感覚は与えられた物理的・化学的刺激の変化に対応して，一定の漸次的変化を示すが，これらの刺激と反応（知覚）との量的関係を明らかにしてゆこうとするのが精神物理学または精神物理的測定法である。精神物理的測定法で測定される知覚の基本的量的特性には主として次の3つのものが挙げられる。

①刺激閾：知覚を生じる最低の刺激強度のことで，知覚が起こるか起こらないかの境目に当たる刺激値を言う。統計的には，特定反応の出現率が50%になる刺激値をもってこれに当てる。

②刺激頂：刺激がそれ以上大となると，もはや知覚を生じないような最上限刺激値か，あるいは刺激がそれ以上大となっても，知覚がもはやそれ以上変化しないような刺激値を言う。

③弁別閾：2つの刺激を比較するとき，相違を知覚するのに必要な最小の刺激変化量を言う。統計的には，相違があるという反応とないという反応が50%ずつ現れる刺激変化量をもってこれに当てる。

刺激値（S）とその刺激値についての弁別閾（ΔS）との間には

$$\frac{\Delta S}{S} = C（一定）$$

という関係があり，ウェーバーの法則として知られている。ここでCをウェーバー比または相対弁別閾と言い，ΔSを絶対弁別閾と言う。ウェーバー比は刺激強度がきわめて小，または大になると変化し，刺激強度が中程度の場合にのみ一定であると言われる。各種感覚におけるウェーバー比を表3.1に示す。

表3.1　各種の感覚におけるウェーバー比 (Boring, E. G., et. al., 1948)

	標準刺激	ウェーバー比
深圧	400g	.013
視覚の明るさ	1000 trolands	.016
挙重	300g	.019
音の大きさ	1000Hz，100dB	.088
嗅覚（ゴム臭）	200 olfacties	.104
皮膚点圧	5g/mm²	.136
味覚（塩味）	3mol/ℓ	.200

　フェヒナーは，ウェーバーの法則から刺激と感覚の間の量的関係を導出し，定式化した。すなわち

$$R = C \log S（C は定数）$$

である。これが，ウェーバー＝フェヒナーの法則と言われるもので，刺激（S）が幾何級数的に増加すれば，感覚（R）は算術級数的に増加する。あるいは感覚の大きさは刺激強度の対数に比例すると表現される。この法則もウェーバーの法則と同様に妥当する範囲は限られており，しかも近似的にしか成立しないものとされている。

　これに対しスティーヴンスは，刺激の強度と感覚の大きさの量的関係について，感覚の大きさ（R）は刺激量（S）のベキ関数として増大するという法則性を見いだした。これをベキ乗法則と言い

$$R = KS^n（K は定数）$$

と定式化される。スティーヴンスの方法は，従来の精神物理的測定法と異なって適用範囲が広い

とされている。

第2節　認知の様相

1.　適当刺激と感覚

　生活体に作用し，何らかの反応を引き起こすか，または引き起こす可能性のある物理的・化学的エネルギーを刺激と言うが，それが受容される感覚器官によって刺激の種類は異なっている。たとえば，眼の網膜は光刺激（電磁波の一種）に反応し，内耳の蝸牛管は音刺激（空気の疎密波）に反応する。一般には特定の感覚器官は特定の刺激に対してのみ選択的に反応する。網膜に対する光刺激，耳に対する音刺激のように特定の感覚を生じさせる刺激を適当刺激と言う。これに対して網膜に対する音，耳に対する光のように本来の感覚を生じさせないものを不適当刺激と言う。

　特定の感覚器官に受容されたエネルギーは，それが刺激閾以上に達すると神経インパルスとして特定の径路を経て大脳中枢の一定の部位に到達し，特定の感覚を生じる。網膜に受容されたエネルギーは，視神経を経て視覚中枢にインパルスを送って視覚を生じ，耳に受容されたエネルギーは，聴神経を経て聴覚中枢へインパルスを送って聴覚を生じる。このようにして生じた視覚や聴覚は，それに対応する大脳中枢の部位やそこに至る径路が異なっているだけであって，神経インパルスそのものは生理的に同じものである。

　一般に特定の感覚は，それに対する適当刺激によって生じるが，場合によっては不適当刺激によっても生じることがある。たとえば，額を強く打ったときに，眼から火が出るように感じる場合や，眼球を強く押えたときに光覚を生じる場合がそうである。これは機械的な刺激であっても，眼の受容器が反応を起こせばみな光になって見えるためである。

　この他まれにしか見られないが，本来特定の感覚と結びついた一定の刺激が，その感覚とともに他の感覚を同時に引き起こす共感覚と呼ばれる現象がある。音を聞いて色を感じる色聴などはその例である。

　私たちの身体には，さまざまの感覚器官があって，各種の刺激に反応して感覚を生じている。特定の感覚を生じる特定の刺激に依存した認知のカテゴリーを感覚様相と言う。私たちは一般にはこれらの適当刺激をそれに対応する感覚器官に受容して，適応的な行動を取るために適切な環境の認知をしているのである。

2.　視覚

　視覚を生じる適当刺激は可視光線である。可視光線は，電磁波のうちほぼ380nmから770nmまでの波長を持つものを言う。波長の変化に対応じてさまざまな色調が知覚される。また波長が一定であれば強度すなわち放射エネルギー量が大となるほど明るさは大となる。

　可視光線を刺激として受容する感覚器官は眼球，とくにそのうちの網膜である。視覚の感覚器

官である眼球はカメラの構造とよく比較される（図3.1）。

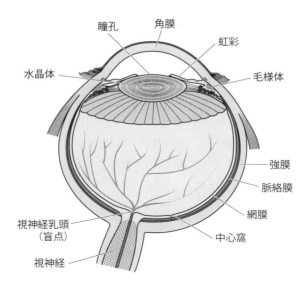

瞳孔　角膜
虹彩
水晶体
毛様体
強膜
脈絡膜
視神経乳頭　網膜
（盲点）
中心窩
視神経

図3.1　眼の構造（奈良・鎌倉・野村，2020 をもとに作成）

　ある対象を見つめる場合，その対象から反射した光は，瞳孔を通して眼球に入ると虹彩で光の量が調節され，水晶体で焦点調節がなされて網膜上に明瞭な像を結ぶ。こうして網膜に受容された光，すなわち電磁波エネルギーは神経インパルスに変換され，視神経を経て，視覚中枢へと送られ視覚が生じる。網膜上で光刺激を受容するのに重要な働きをするのは錐体と桿体である。錐体は色彩と比較的大きい光量を感受し，桿体は比較的少ない光量を感受する。錐体は網膜中心部に多く分布しており，とくに中心窩は錐体のみで成り立っている。対象を注視する場合，像はこの中心窩の周りに投影される。桿体は網膜の周辺部に多く分布している。

　光刺激が網膜に受容されることによって生じてくる視覚は，人においては他のいかなる感覚よりも高度に発達した機能である。この視覚についての基本的事実を以下に述べる。

(1) 順応

　明るい場所から急に暗い場所に移ると，初めは真暗で物が見えにくいが，しだいに見えるようになってくる。逆に暗い場所から明るい場所に移る場合には，初めまぶしくて物はよく見えないがやがて見えやすくなってくる。このように光の強度に応じて変化する眼の調節作用を順応と言い，明所から暗所に移ったときの光に対する鋭敏さ，すなわち視感度の変化を暗順応と言う。その逆を明順応と言う。

　暗順応の過程は，最初の数分間で視感度が急激に増大し，やがて緩やかになってふたたび急に増大し40 〜 50分で安定する。明順応は，暗順応に比べて進行はきわめて速く，10分くらいで視感度が定常状態になる。

（2）明るさの刺激閾

　ごく小さい刺激面に光を当てた場合，明るさが知覚される刺激閾は，その光が$10^{-8} \sim 10^{-10}$erg のエネルギー量を持つときであると言われているが，一定の刺激閾に到達するためには，刺激の強度，持続時間，大きさなどの要因が関与している。刺激が照射される持続時間（T）とその強度（I）との間には，Tが0.01sec以下のとき一定の刺激閾に達するためには，

$$I \times T = K \text{（一定）}$$

という関係が満たされねばならない（ブロックまたはブンゼン＝ロスコーの法則）。

　また刺激面の大きさ（A）とその強度（I）に関しては，Aが小さい場合には

$$I \times A = K \text{（一定）}$$

という関係が満たされれば一定の刺激閾が維持される（リコーの法則）。この関係はAが視角にして7°以上になると

$$I \times \sqrt{A} = K \text{（一定）}$$

となる（パイパーの法則）。

　刺激閾はまた刺激光の波長によって異なってくる。波長と刺激閾との関係を示すものが視感度曲線である。視感度とは光に対する鋭敏さで，刺激閾または弁別閾を測度として示され，閾値が小さくなるほど視感度は高いと言える。図3.2に暗順応下での視感度曲線を示す。桿体が働いている暗所視では507nm，錐体が働いている暗所視では555nmの波長の付近で視感度が高くなっている（刺激閾が低い）。

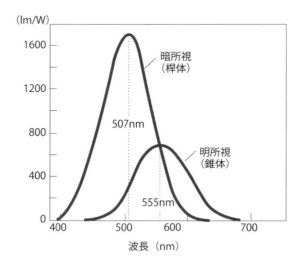

図3.2　視感度曲線（Judd, 1951）

（3）明るさの弁別閾

ウェーバーの法則に当てはまる事実は見いだされているが光の強度によってウェーバー比が異なってくる（図3.3）。

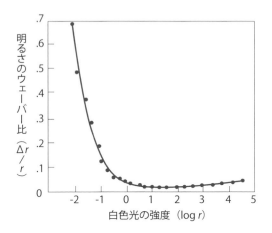

図3.3　光の強度とウェーバー比（Boring, 1942）

（4）視力

視力は物の細部構造を見分ける能力であるが，一般的には視野内で2点として弁別することができる最小の2点間の隔たり（刺激閾）の視角[1]の逆数として表される。刺激閾が視角にして1′のとき視力1.0と言う。

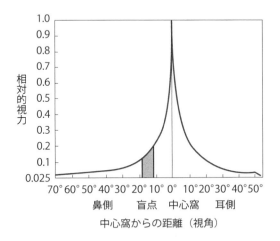

図3.4　網膜上の位置と視力（Woodworth & Schlosberg, 1955）

1　視角とは，ある対象を見るときにそれが眼に対して張る角度のことで，視線に対して垂直な対象の長さをS，観察距離をdとすれば視角αは近似的に

$$\alpha = 57.3 \frac{S}{d} \text{（度）}$$

で与えられる。網膜像の大きさを算出することは直接的にも間接的にも難しいので，視角をもってそれに代えることが多い。

私たちはふつう物を見るときは，視線をその方に向け，中心窩に像を投影させている。中心窩は最も視力の鋭い所で，そこから周辺部へ行くにしたがって視力は減少してゆく（図3.4）。

（5）色覚

　私たちは電磁波エネルギーを刺激として色を知覚するが，色には次の3つの属性がある。

色調

　人の眼に知覚される電磁波は380〜770nmの波長のものであるが，この波長の違いによって生じる色合いを色調（色相）と言う。表3.2に示すように波長の違いによって紫から赤に至る色調があるが，詳細に見れば同じ赤や黄の中にも何段階かの赤や黄が区別される。紫から赤に至る間に128〜235の色調があると言われている。

表 3.2　波長と色調（Bouma, 1951）

波長範囲	色調
380〜436 nm	紫
436〜495 nm	青
495〜566 nm	緑
566〜589 nm	黄
589〜627 nm	橙
627〜780 nm	赤

彩度

　同じ色でもきわめて鮮やかな，純粋な感じの色と白っぽいとか黒みがかったという色褪せた不純な感じの色がある。この色の鮮やかさの度合いを彩度（飽和度）と言う。彩度は波長の純度，すなわち混合の度合いに依存している。白色は各種の波長が混合したもので，白色の系統が混ざると飽和度が低くなる。単一波長の色光の飽和度が最も高いが，一方，色調によって彩度の高いものと低いものとの区別がある。

明度

　同じ色調でも明るい色と暗い色がある。これを明度（色の明るさ）と言う。明るさは光の強度，つまり放射エネルギー量に依存している。波長の異なった光を混合すると，一定の色調または無色の知覚が生じる。これを混色と言う。色調が大きく異なっていない2色を混色すると両者の中間の色調が得られる（中間色の法則）。どの色調についてもそれと一定の割合で混色すると無色を生じる色調が存在していて，これを補色と言う（補色の法則）。

（6）色の現れ

　色覚は色調，彩度，明度の3属性で表されるが，日常の環境において見られる色は同じ3属性を持っていても，たとえば空の色と色紙の色とでは印象が異なっている。このように実際の視空間の特性と結びついたとき種々の印象を持つ色の性格を色の現れ方と言う。

平面色

　空の色，虹の色などを言う。この色には物体の表面のような硬い感じがなく，距離感が不明確である。

表面色

　色紙や不透明な物体の表面に見られる色を言う。これは物体の表面に付いた色として見え，方向，距離感が明確である。

空間色

　後ろの物体が透過して見えるようなコップの中の着色液体や寒天のように，一定の空間を満たしているように見える色を言う。

(7) 残像

　刺激光を与えて感覚が生じた後，刺激を取り去ってもなおしばらくある種の光の像が残ることを残像と言う。残像には2種あって，刺激光と同じ色調や明るさの像が残ることを正の残像，刺激光と明暗が逆になったり，補色の色調の像が残ることを負の残像と言う。正の残像は，刺激光が短時間，大きい強度で提示されたとき生じやすく，負の残像は普通の強度の刺激光が長時間提示されたとき生じやすい。一般に残像の持続時間は，刺激光の強度，大きさ，提示時間などにより異なる。

　残像は凝視された面に投影されて見えるが，その見えの大きさは，投影された面までの距離に比例して増大する。これをエムメルトの法則と言う。

(8) 対比

　視野の一部分の色や明るさがその周囲の色や明るさによって影響を受け，反対の方向に変化することを対比と言う。同じ灰色の紙が，黒地の上では白く，白地の上では黒く見えるのはこの例である。

3.　聴覚

　聴覚を生じる適当刺激は音波，すなわち空気の振動（疎密波）である。音波を受容する感覚器官は，内耳の蝸牛管であり，ここで音波は神経インパルスに変換され聴神経を通って聴覚中枢に達する。

　音の次元には，高さと強さがある。高さは，音波の振動数（周波数）の変化によって生じるもので，振動数の大きな音ほど高い音に聞こえる。同じ高さの音でも強い音と弱い音とがある。音の強さは，音波の振幅に依存している。振幅の大きなものほど強い音として聞こえる。

　日常さまざまの音は，その性質から見ると楽音，騒音（雑音），音声に分けられる。楽音は一定の波形が周期的に繰り返される音波で，とくに音叉の音のように正弦波となるものを純音と言う。振幅数の異なる純音が複合してできた音を複合音と言う。騒音は，周期性に乏しい不規則な

波形のものを言い，とくに完全な不規則性を示すものを白色雑音（ホワイトノイズ）と言う。音声は，楽音と騒音の中間の波形を示す。

　純音の高さの刺激閾はおよそ20Hz，刺激頂は20,000Hzであり，この範囲を外れると聴覚としての感覚はなくなってくる。強さの刺激閾，刺激頂は振動数によって異なる。図3.5に示すように，強さの刺激閾は2,000Hz付近で最も小さく（つまり感度が高い），それより振動数が大小いずれの方向に変化しても閾値は高くなる。この図3.5の線で囲まれた範囲は，音の高さと強さに関して人の可聴範囲を示していることにもなる。

　音の高さの弁別閾に関しては，400〜4,000Hzの間はウェーバー比が比較的一定でその値も小さく，ウェーバーの法則に当てはまっている。その他の振動数ではウェーバー比は大となってくる。強さの弁別閾に関しては，30〜90dBのときウェーバー比が一定になるという結果が得られている。

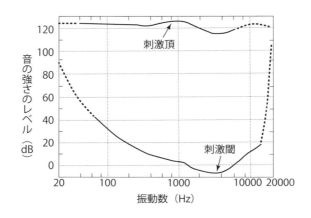

図 3.5　可聴範囲（Fletcher, 1953）

4.　嗅覚と味覚

　嗅覚を生じる適当刺激は化学的エネルギーで，物質の気化したものまたは微小体となって発散したものである。嗅覚の感覚器官は上鼻甲介と嗅斑にある。嗅覚は未分化な下等感覚であるが，刺激閾はきわめて小さく小量の物質で嗅覚が生じる。しかし感覚のうちでは順応の速度が最も速

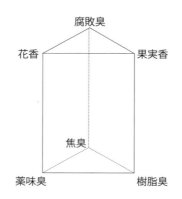

図 3.6　匂いのプリズム（Henning, H., 1916）

いものである。

　嗅覚によって得られる匂いには多くの性質があるが，ヘニングは図3.6の匂いのプリズムに示されるような，6種の基本的な匂いがあり，全ての匂いはこの三角柱の表面上に位置づけられるとしている。

　味覚の適当刺激は液体中の化学分質であり，感覚器官は舌の味蕾である。味覚も嗅覚と同じように多様な性質を持っているが，基本的には図3.7のように4種の味があるとされている。

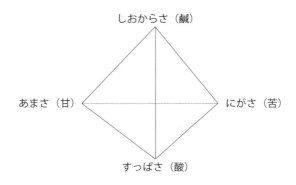

図 3.7　味の四面体 （Henning, 1916 ）

　4つの味を図のような4面体の頂点に配置すると，全ての味はいずれかの面上に定位することができるとされている。

　味覚の刺激閾は嗅覚ほど小さくなく，またその感覚器官である舌の部位によって異なっている。甘味は舌端部，酸味は周辺部，苦味は舌根部において刺激閾が小さくなっている。つまりその味に対する感度が高い。辛味は部位による差はほとんどない（図3.8）。

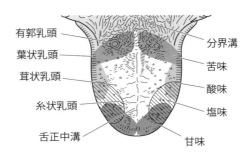

図 3.8　味覚の分布 （山田 , 2016 を一部改変）

5.　皮膚感覚

　皮膚感覚は単一の感覚ではなく，触・圧覚，温・冷覚，痛覚などに区分される。触・圧覚の適当刺激は皮膚への機械的圧力である。温・冷覚の刺激となるのは，温かくも冷たくも感じない生理的零度からの温度変化である。また過度の機械的圧力，極端な温度などは痛覚の刺激となる。

これらの刺激が受容される感覚器官は，神経終末にあり，圧点，温・冷点，痛点と呼ばれている。これらの感覚点は身体の部位によりその分布が異なっている。

　皮膚感覚のうち，温・冷覚を省いて，種々の感覚の相互関係をピラミッド型に配置して整理しようとする試みがあり，これを触覚ピラミッドと言う（図3.9）。

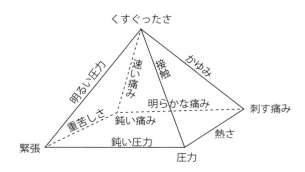

図3.9　触覚ピラミッド（Titchener, 1920 をもとに作成）

　皮膚への機械的圧力という刺激は単に触・圧覚を生じるだけでなく，それを通して対象の空間関係の認知を可能にする。この触空間の知覚の基本となるのは，皮膚上に触れた2点が弁別できる最小の距離である。2点と感じる刺激閾のことを2点閾と言う。2点閾は身体各部によって異なり，唇や指先の1mmくらいから背中や上膊部の60mmくらいに至るまで変化の範囲が広い。

6.　運動感覚と平衡感覚

　自己の姿勢を変えたり，四肢を動かしたりする場合に，それらの運動の状態や四肢の位置の知覚が生じる。これは主として運動感覚と平衡感覚に依存している。運動感覚は身体の各部の動きや全身に対する位置の関係の知覚を言い，平衡感覚は頭部および身体の空間に対する姿勢や体位の知覚を言う。

　運動感覚の刺激となるものは身体諸部分の運動であり，刺激を受容する感覚器官は筋肉，関節，腱などにある。平衡感覚の刺激は身体の位置の変化で，感覚器官は内耳の三半規管である。

第3節　認知と行動

1.　形の知覚

　視野全体が一様の光で満たされていたり，あるいは暗黒であるような状態を等質視野（全体野）と言う。このような視野では私たちは何も知覚しない。何らかの事物を知覚するためには，視野が異質的で分節していなければならない。

（1）図と地の分節

　明度，彩度，色調などが異質的に視野に配置されると，視野は分節し，何らかの形の知覚が成立する。たとえば図3.10のように明るさに差のある2領域が配置されると，一定の形を持った領域とその周辺領域の知覚が生じてくる。ルビンは前者を図，後者を地と呼んで区別した。

　図3.10は図と地の分節を生じるが，しばらく観察していると，あるときは盃が図となって見え，あるときは2つの向き合った顔が図として見える。このように図と地が反転する図形を反転図形と言う。この反転図形の観察などから図となった部分と地となった部分には次のような現象的な特徴があることが知られている。

図 3.10　図−地反転図形（Rubin, 1921）

①図となった領域は形を持つが地は形を持たない。
②2つの領域を分ける境界線は図に属しているように見える。
③地は図より背後にまで広がっているような印象を与える。
④図は地よりも前方に見える。
⑤図は物の性格を持ち，地は材料の性格を持つ。
⑥図は表面色的であり，地は平面色的である。
⑦図は地よりも迫力的，印象的で意識の中心となりやすい。
⑧図はより分化した構造を持つ。

　図3.10については，いずれが図になりやすいかは多分に経験効果によるところがあるが，一般に図になりやすい刺激条件は次のとおりである。

①面積の小さい領域。
②囲まれた領域。
③垂直，水平の方向に位置している領域。
④相称的な図形。
⑤周囲と強度差のある領域。

　生活体の知覚は選択的で，図と地を分節して知覚し，図を行動の対象とする。その際，地は広

い意味で行動の枠組みとなっている。枠組みは，その中に事物が存在していて，その事物の認知に際しては位置，方向，量の把握に関係する背景である。枠組みは，先に述べた地になりやすい条件のように環境における刺激の状態と，さらに生活体の経験，要求などの内的条件に基づいて形成されている。

(2) 形の成立

　図と地が分節して図は形として見られるが，さらにそれらは空間における配置の仕方によって，固有のまとまり方をする。このまとまり方の法則性をゲシュタルト法則と言う（図3.11）。

　ウェルトハイマーによればゲシュタルト法則には，次のような要因がある。

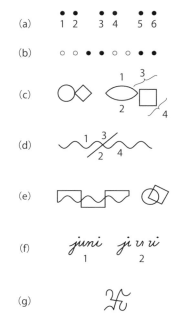

図 3.11　ゲシュタルト法則（要因）（Wertheimer, 1923）

(a) 近接の要因：距離の近いものはひとつの形にまとまる傾向がある（図3.11a）。

(b) 類同の要因：同じ種類のものはひとつにまとまりやすい。図3.11bのように，白と黒の対が分かれてまとまる傾向を言う。

(c) 閉合の要因：閉じた領域はひとつにまとまる傾向がある。図3.11cにおいて，1－2，3－4はまとまりやすく，1－3，2－4はまとまりにくい。

(d) 良い連続の要因：良い連続を持つものはひとつにまとまる傾向がある。図3.11dで，1－4，2－3がまとまりやすく，1－2，3－4はまとまりにくい。またe左では，閉合の要因と競合するが，波形と矩形波にまとまりやすい。

(e) 良い形の要因：単純で規則的，対称的な良い形にまとまる傾向を言う。図3.11e右などは，閉合の要因では3つの領域にまとまるところであるが，円形と四角形という良い形として見

える。

(f) 経験の要因：過去に経験したものは，同じようにまとまる傾向がある。この要因は他の要因とともに働くとき有効である。たとえば図3.11fで，1は「juni」と見え，2は1のようには見えない。しかし図3.11gにおいて，たびたび経験したことがある4という数字が見えず，良い連続または良い形のみ見えるのは，経験の要因が他の要因と拮抗する事態ではあまり有効でないことを示している。

(g) 共通運命の要因：運命を共にするもの，たとえば多くの点が散らばっているとき，その中のあるものだけが一緒に動いてゆくと，点は動くものと動かないものという2つのグループにまとまる傾向がある。

(h) 客観的態度の要因：一定の態度が出来上がるように刺激提示をしてゆくとき，その態度によってひとつのまとまった形ができる傾向がある。

　上に述べたまとまりの法則を一言で言えば，できる限り簡潔で規則的な良い形にまとまるということであって，これをプレグナンツの法則と言う。

2.　図形の相互作用

　私たちの環境認知，すなわち知覚は外界の忠実な模写ではない。以前は個々の刺激と知覚の間に1対1の対応があるとする考え方があったが，これは恒常仮定と言われ，今日ではそれを信じている人はない。

　同一の対象も刺激全体の布置の様子によって見え方が変わってくる。視野内に複雑な図形や多くの図形があったり，それらが継時的に提示されたりすると互いに影響し合って，単独に提示されたものとは見え方が変わってくる。このように知覚は外界の単純な模写でもなく，網膜像そのままでもない。その意味では私たちが普通客観的と考えている物理的世界と私たちの見えの世界とは異なっていて，その違いの法則性を見いだすのが知覚研究の主要な目的のひとつである。ひとつの研究方向として，同一視野にある対象が互いに影響し合う現象を物理学と同じく場の概念を導入して説明しようとする理論がある。

　物理的な刺激自体と知覚されたものが違うときこれを古くより錯視と言ったが，上のように考えると私たちの見ているものは錯視でないものがむしろまれである。ただ，これが極端に現れた場合を今でも錯視と言い習わしているが，これは便宜的な用法にすぎない。その代表的なものが幾何学的錯視と言われるものである。

(1) 幾何学的錯視

　図3.12のようにいろいろのものがあるが，いずれも客観的な刺激事態と見え方とは著しく異なっている。その理論的解明は簡単ではないが，知覚一般の特性を理解するためには欠くことのできない研究分野となっている。

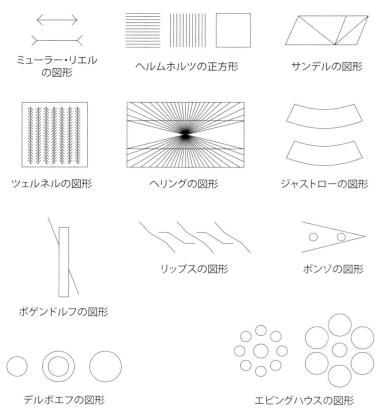

ミューラー・リエル
の図形

ヘルムホルツの正方形

サンデルの図形

ツェルネルの図形

ヘリングの図形

ジャストローの図形

ポゲンドルフの図形

リップスの図形

ポンゾの図形

デルボエフの図形

エビングハウスの図形

図 3.12　種々の幾何学的錯視

（2）図形残効

　上に述べた錯視は同一視野内における図形間の相互作用として生じたものであるが，複数の図形を継時的に提示したときに見られる相互作用のひとつとして図形残効の現象がある。

　ケーラーによれば，図3.13のような図形配置で，最初に円のみをしばらく凝視してこれを取り去った後，2つの同じ大きさの小さい正方形を提示すると，円が提示された場所の正方形は小さく，色が薄く，しかも少し後退して見える。ケーラーはこの現象を図形残効と名づけ，2つの

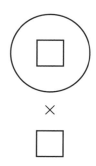

図 3.13　図形残効の布置〔Köhler & Wallach, 1944〕

事実を見いだした。そのひとつは，上記のように前出図形の提示された領域に提示される後出図形は，その領域から遠ざかるように位置を変えて見えるという変位の現象である。他は，ある限度内では前出図形と後出図形の間隔が増大しても変位の量は減少せず，かえって増大するという距離矛盾の現象である。

　ケーラーは図形残効を視知覚の基本的特性を示す現象と考え，かねて提唱していた大脳皮質の場における電気生理学的仮説によって，この現象を説明し，さらに彼の説を進展させた。

3.　奥行知覚

　私たちを取り巻く環境が三次元性を持つのに対して，それが投影される網膜像は二次元的である。この二次元的な網膜像から三次元的空間が知覚され奥行・遠近が把握されるのは，次のような手掛かりが働いているからである。

(1)　調節
　眼球の焦点距離を合わせるときに水晶体の膨らみが変化するが，このときの筋肉感覚が奥行知覚の手掛かりとなる。これは2m以下の距離で有効である。

(2)　輻輳
　対象を凝視するとき，両眼は内転して視線は擬視点において交わり，ある角度（輻輳角）を持つ。この輻輳角は対象までの距離の違いによって変化し，20m以内ではそのときの眼筋の緊張が奥行知覚の有効な手掛かりとなる。

(3)　両眼視差
　両眼は約6cm離れているから，奥行のある対象を見ると両眼視差（両眼の視方向の差）によって左右の網膜像は凝視点を中心として位置が違ってくる。この網膜像のズレは奥行弁別の主要な手掛かりであり，その限界は数百メートルに及ぶ。実体鏡（ステレオスコープ）はこの原理を利用したものである。

(4)　運動視差
　観察者が動くか，対象が動くかすると近距離の対象の網膜像は速く動き，遠くの物はゆっくりと動く。これを運動視差と言い，距離によって動く速さが違うことが奥行知覚の手掛かりとなる。

(5)　相対的大きさ
　遠くにある対象の網膜像は近くの対象のそれより相対的に小さい。この相対的な大きさの差異も奥行知覚の手掛かりである。

(6) 線遠近法

鉄道線路が遠くに行くに従って1点に収れんするように，外界にある平行線は遠くに行くにつれて間隔が小さくなってゆく。これが奥行知覚の手掛かりとなることは絵を見ればすぐに分かる。

(7) 大気遠近法

遠くの対象は淡く，近くの対象は濃く見える。これがやはり手掛かりとなる。

(8) きめの勾配

草原や砂利の河原の写真に見られるように，近距離ではきめが粗く，遠距離ではきめが密になるような粗密の勾配が手掛かりとなる。

(9) 重なり合い

対象に重なり合いがある場合，覆っている対象が近くに見える。

(10) 陰影

絵を描くとき誰もが用いる技法であるが，暗い陰の部分は遠くに，明るい部分は前方に見え，凹凸が現れる。

以上の手掛かりのうち，（1）～（3）は生理的手掛かり，（4）～（10）は経験的（心理的）手掛かりである。ギブソンはこれら全ての手掛かりを，網膜像における刺激布置の勾配で統合的に説明しようとした。遠近法やきめの勾配などの経験的手掛かり，両眼視差に代表される生理的手掛かりなど全ては刺激布置の勾配で説明されるとしたが，ひと口に勾配と言ってもそれぞれ異なった内容を持っており，それらの勾配がなぜ奥行知覚を生じるかは明らかでない。またこれら手掛かり相互の機能的関係はこれだけでは明らかでない。

4. 恒常性

事物が知覚されるとき，網膜に受容される刺激はその時々の条件によって異なるのに，その場の刺激布置の状態によってはいつも同じものとして知覚される傾向を恒常性と言う。このように知覚は，網膜像に忠実な現れをするというよりもむしろ実際の事物，すなわち真の対象へ回帰する傾向がある。幾何学的錯視においては，同じ刺激が違って見えるのに対し，この場合は違う刺激が同じように見える。これは全て知覚の場の特性によって決まる。

(1) 大きさの恒常性

人がある距離から2倍の距離に遠ざかるのを見る場合，網膜像は半分の大きさになるが，私たちはその人が半分の大きさになったとは知覚しない。このように，観察距離の変化によって網膜像が変化しても，その対象の見えの大きさは比較的一定に保たれる傾向を大きさの恒常性と言う

（図3.14）。

図3.14　大きさの恒常性

（2）形の恒常性

　円形の皿は，傾けて見てもある限度内ならばやはり同じように円形の皿に見える。このように視線に対する対象の傾きによって網膜像が変化しても，形の知覚が比較的一定に保たれる傾向を形の恒常性と言う。

　大きさの場合と同様に，空間が構造化し，現実の環境に近づくほど形の恒常性は大である。また大きさの恒常性で言われる大きさ－距離不変の関係に相当する形－傾き不変仮説が提唱されている。

（3）その他の恒常性

　白い紙は明るい陽光の下で見る場合と暗い室内で見る場合では，反射光線の量は異なるのに同じような白さに見える。これを明るさの恒常性と言う。また白い紙は，異なる色調の照明で見ても同じように白に知覚される。これを色の恒常性と言う。

　この他速さの恒常性，位置の恒常性，音の恒常性など種々の恒常性が見いだされているが，これらの恒常性は生活体の行動に結びついて発生してきたものとも考えられる。恒常性が真の対象への回帰と考えられるのなら，空間のどの位置にその対象があってもそれをすぐに同定することができ，生活体はその対象に相応した行動を取ることができるわけである。

5．運動の知覚

　環境内における対象の認知は，その対象が運動するときは静止しているときよりもはるかに容易である。運動は生活体にとって行動的に非常に重要な意味を持つが，客観的な運動がかならずしも運動として知覚されるとは限らない。また客観的には静止していても運動が知覚されるような事態もある。

（1）実際運動

　客観的に運動していても，あまりに速度が小さいときや，逆にあまりに速度が大きいときには運動の知覚は生じない。運動が知覚される刺激閾は速度の観点からは，視角にして毎秒1'〜2'の速度であると言われている。速度が閾値以上であるときでも動く範囲が視角にして8"〜20"以上ないと運動知覚は生じない。

　知覚された運動速度は種々の条件によって客観的な速度とは異なってくる。運動する領域が大きかったり，運動する対象が大きいと知覚された速度は遅くなる。ブラウンによれば，運動領域と対象を2倍の大きさにすれば知覚された速度はほぼ2分の1になる。

（2）仮現運動

　客観的には，静止して一定の位置にある対象が瞬間的に出現したり消失したりすることによって，その対象が動いているように知覚される現象を仮現運動と言う。

　仮現運動の代表的なものはβ運動で，映画やネオンサインの原理となっている。この現象はウェルトハイマーがゲシュタルト心理学の理論形成の根拠として示した現象である。β運動は空間的に異なる位置に2つの対象が継時的に瞬間提示されたときに生じる運動であるが，対象の提示時間（e），ひとつの対象が消失して次の対象が出るまでの時間間隔（p），対象間の空間間隔（s），対象の強度（i）などの条件により規定される。

　これらの条件変化によって，2つの対象が同時に見えて運動が起こらない同時時相，1対象が滑らかな良い運動をする最適時相，ひとつの対象が現れて消え，2番目の対象が現れるように見える継起時相，そしてそれらの中間では部分的な運動が知覚される。

　上に挙げたe, p, s, iの各条件の間には一種の補償関係があって，ある時相の印象がある値Φで表されるとすると，関数の形は不明であるが，次のように定式化される。

$$\Phi = f\left(\frac{s}{ig}\right) \quad \text{ただし} \quad g = e + p$$

　これをコルテの法則と言う。同時，最適，継起時相の値をそれぞれΦ_1，Φ_2，Φ_3とすれば，$\Phi_1 > \Phi_2 > \Phi_3$となる。最適時相が知覚されている状態で，sを大にすればΦの値は大となって同時時相に変化するが，もしそれに加えてIまたはgを大にすれば補償的にΦはもとの値に保たれ，また最適時相が知覚される。

　仮現運動にはこの他にα運動，γ運動などと言われる種々の運動がある。

（3）誘導運動

　月は刺激閾よりはるかに小さい速度で運行しているので静止して見えるはずであるのに，流れる雲の間にあれば動いているように見える。このように客観的には周囲のものが運動しているのに，静止した対象が動いて見える現象を誘導運動と言う。包摂関係にある対象では包まれた方が動き，大きさの違う対象では小さい方が，明暗関係があれば明るい方が動いて見えやすい。一般に図となるものが誘導運動を生じやすいと言える。結局客観的な運動とは関わりなく，枠組みを

形成するものが静止して見える傾向がある。知覚において枠組みが果たす役割の重要さを示す現象のひとつであると言える。

（4）自動運動

等質的な空間に小さい対象が提示された場合，その対象の定位ができず，不規則な運動をしているように見える現象を自動運動と言う。たとえば，暗黒中に光点を提示して凝視すると，やがてふらふらと運動をし始める。等質的な空間では枠組みが形成されず，したがってそれを基準として対象を定位することができないので運動して見えるのである。

（5）運動残像

運動する対象をしばらく観察した後に静止した対象を見ると，静止対象が反対方向にゆっくりと運動して見える現象を言う。滝の落水を観察した後は，周囲の風景が緩やかに上昇するように見えたりするのはこの例である。

6. 時間知覚と知覚の時間的制約

時間の知覚は特殊な感覚器官が存在していて生じるものではなく，他の知覚と結びついて初めて生じるものである。2つの対象が継時的に提示されるとき，2対象が一定の時間をおいて提示されたと知覚される時間の刺激閾はだいたい20〜30msecくらいであると言われる。この閾値以下では同時という印象が生じて，時間の経過の知覚は生じない。また時間の経過がひとつのまとまりとして現在に属すると認知される時間の持続は心理的現在と言われるが，これはだいたい4secくらいが限度であると言われている。

物理的な時間は，それが知覚された心理的時間とはかならずしも一致せず，時間の知覚は種々の刺激条件，主体的条件などにより異なってくる。その時間中刺激が持続的に与えられる時間間隔（充実時間）と初めと終わりだけ刺激が与えられる時間間隔（空虚時間）との比較では，4sec以下くらいの短い時間では，充実時間は何もない空虚な時間よりも過大評価される。ところが長い時間では逆に充実した時間の方が短く知覚される。何かに熱中していた時間が短く感じられるのはその例である。

時間知覚が他の知覚に密接に結びついている代表的な例は時空相待（タウ効果，S効果）に見られる。タウ効果は，空間間隔の知覚が時間の影響を受ける現象である。ショルツによれば，2対象を継時的に提示した場合に知覚される空間間隔は図3.15に示すように，時間間隔によって著しく異なってくる。またこの空間の変位は，対象内に運動印象が著しいほど大である。タウ効果と逆に時間知覚が空間の影響を受ける現象をS効果と言う。その時間を担う空間間隔の大きさによって時間の知覚は著しく変化するのである。

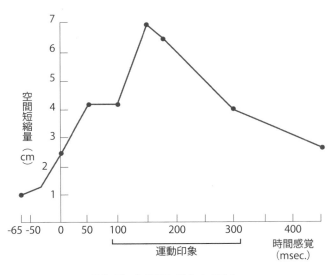

図 3.15　タウ効果〔Scholz, 1924〕

　知見が時間的制約を受ける現象はすでに述べてきた。たとえば知覚が生じる刺激閾は，ブロックの法則やリコーの法則に示されるように，単に刺激の強度や大きさだけでなく時間と結びついて初めて考えられるものである。その他順応，図形残効，運動知覚など時間的要因によって規定される現象は多い。

　一般に2つの対象を比較するとき，同じ対象であっても空間のどこに位置するかによって知覚が異なるが（空間誤差），これが継時的に提示されるときにも異なって知覚されることが多い。これを時間誤差と言う。空間誤差は多分に異方性の現れと見られるが，時間の次元においても知覚はゆがみを受けるのである。しかし両者の機序は異なったものである。

7.　知覚に及ぼす経験の効果

　エイムズによれば，図3.16aのように客観的にはゆがんだ部屋の窓に同じような大きさの2人の人を置いて単眼で観察すると，図3.16bのように正常な正方形の部屋に知覚され，しかも2人の人は等距離にあって片方の人が他方より異常に大きく見える。これはエイムズらによれば，知覚が経験によって形成された「仮説」に基づいてなされるためである。部屋は正常な状態では正方形であるという仮説が多くの経験により形成されているために，上のような例でもゆがんでいるとは知覚されず正常に見られるのである。このように経験はいわば知覚し行動する上での枠組みを形成する。枠組みは定常状態にあるため，2人の人は異常に大きさの違うものとして知覚されることになると言えよう。

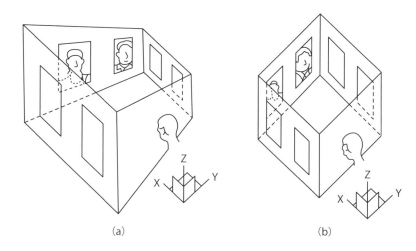

図 3.16　エイムズのゆがんだ部屋〔Ittelson, 1952〕

8.　知覚に及ぼす主体的条件

　知覚は刺激条件や生理的状態のみに規定されているのではない。もっと幅広く生活体の要求，情動，構え，期待といった主体的条件によっても影響を受けることがある。貧富の差が貨幣の大きさ知覚に影響を与えたり，空腹状態では多義的な刺激に対して食物に関連した反応を多く示したりすると言われている。あるいは自分にとってネガティブな対象を知覚するときには閾値が高まったりすることもある。また生活体に特定の構えや期待があるときには，その構えの方向に一致した知覚は容易であるが，そうでない場合には困難である。一般に主体的条件が知覚に影響を及ぼすのは，刺激の強度が弱かったり，布置の不明確さが原因で知覚が不安定な状態になったときである。

【参考文献】

Boring, E. G. (1942). *Sensation and perception in the history of experimental psychology*. Appleton-Century-Crofts: New York.

Boring, E. G., Langfeld, H. S., & Weld, H. P. (1948). *Foundations of Psychology*. John Wiley: New York.

Bouma, P. J. (1951). *Farbe und Farbwahrnehmung*. Philips, Endhoven.

Fletcher, H. (1953). *Speech Hearing in Communication*. Von Nostrand Inc: New York.

Henning, H. (1916). Die Qualitätenriehe des Geschmacks. *Zeitschrift für Psychologie und Physiologie der Sinnesorgane. 74*, 203-219.

Ittelson, W. H. (1952). *The Ames demonstrations in perception*. Princeton: Princeton University Press.

Judd, D. B. (1951). Report of U.S. Secretariat Committee on Colorimetry and Artificial Daylight. In *Proceedings of the Twelfth Session of the CIE*, Stockholm (vol. 1, pp. 11). Paris: Bureau Central de la CIE.

Köhler, W. & Wallach, H. (1944). Figural aftereffects; an investigation of visual processes. *Proceedings of the American Philosophical Society, 88*, 269-357.

Mueller, C. G. (1965). *Sensory Psychology*. Prentice-Hall.（ミュラー, C. G.（著）田中良久（訳）(1966). 感

覚心理学. 岩波書店.）

奈良勲・鎌倉矩子（監修）野村嶬（編）(2020). 標準理学療法学・作業療法学：専門基礎分野　解剖学　第5版. 医学書院.

大山正（編）(1970). 知覚. 講座心理学4. 東京大学出版会.

Rubin, E. (1921). *Visuell wahrgenommene Figuren*. Copenhagen: Gyldendalske.

Scholz, W. (1924). Experimentelle Untersuchungen über die phänomenale Größe von Raumstrecken, die durch Sukzessiv-Darbietung zweier Reize begrenzt werden. *Psychologische Forschung, 5*, 219-272.

Titchener, E. B. (1920). Notes from the psychological laboratory of Cornell University. *American Journal of Psychology*, *31*(2), 212-214.

Wertheimer, M. (1923). Untersuchungen zur Lehre von der Gestalt. II. *Psychologische Forschung, 4*, 301-350.

Woodworth, R. S. & Schlosberg, H. (1955). *Experimental psychology*. Revised edition. New York: Henry Holt and Company.

山田幸宏（2016）. 看護のためのからだの正常・異常ガイドブック. サイオ出版.

第4章
記憶と思考

第1節　記憶

1.　記憶の段階

　私たちの行動や思考は現実の対象にのみに規定されるのではなく，個々の出来事や経験と深い関わりを持っている。そこには記憶のメカニズムが大きな役割を持っている。記憶は幾つかの段階に分けられる。記憶するためには，実際は複雑な過程を経ているが，その処理の過程から3つの段階に区分される。たとえば，ベネズエラ産の「メガスケパスマ　エリトロクラミス（学名：Megaskepasma erythrochlamys)」という長い名前の花がある。この花の名前を憶え，何日後かになってその花を見て名前を思い出したという場合を考える。

　記憶の段階については，符号化，貯蔵（または保持），検索（または想起）の3つの段階がある。符号化は，目や耳の受容器から入ってきた感覚刺激がイメージ（花の形や色）や意味（読み）に変換され，記憶表象という形で脳に貯蔵される。符号化された花の名前の，その形や読みが記憶システムに保持されることが，貯蔵である。この段階では，貯蔵された情報は，一定時間保持され続けることとなる。検索は，花を見て名前などを思い出すとき，貯蔵されている多くの花の情報から，花の形や花言葉を探し出して，この花は以前見たあの花と同じだと認識し，その名前や花言葉はこれであると思い出す。この3つの段階のどの段階が欠けても，記憶は成立しない。

2.　3つの記憶

　全ての記憶場面で，記憶の3つの段階は，同じように機能しているわけではない。アトキンソンとシフリンによると，記憶過程は感覚記憶（1sec以内の記憶時間），短期記憶（数10sec程度の記憶時間），長期記憶（数分から数年，あるいはそれ以上の長期間）の3つに分けられる（図4.1)。

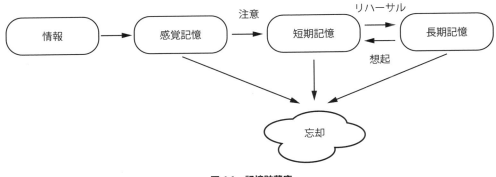

図 4.1　記憶貯蔵庫

（1）感覚記憶

　人は，目や耳など感覚器官を通して外界からの情報を受け取っている。その情報は，ごく短期間だけ感覚記憶に保持される。保持される時間は，視覚情報の記憶は1sec以下であり，聴覚情報の記憶は数secと言われている。そして，保持された情報の中から，「注意」を向けられた情報のみが短期記憶に送られる。

（2）短期記憶

　短期記憶は，意識的に保持しようとしなければ数10sec程度で忘却される。情報を保持するためには，リハーサルという操作が必要となる。リハーサルには，「維持リハーサル」と「精緻化リハーサル」というものがある。維持リハーサルは，情報を繰り返し想起することである。電話番号やちょっとした単語などを一時的に覚えておきたいときには，頭の中や声に出したりして繰り返し想起していると忘れない。精緻化リハーサルは，語呂合わせをして情報に意味を持たせたり，イメージを付加したりするものである。

　短期記憶は，保持時間が短いという特徴の他に，一度に保持できる情報の量には限度がある。ミラーによると，一度に保持できる情報の限界については，だいたい7±2チャンクと言われている。この7という限界の値は，単に7個というのではなく，情報の意味のあるまとまり（チャンク）が7つということである。たとえば，「CATANTFOGBOXDOG」は，英単語を知らない人であれば15個のアルファベットとなるため15チャンクとなり，7±2チャンクの記憶容量に収まらない。しかしながら，英単語を知っていると「CAT」「ANT」「FOG」「BOX」「DOG」という5単語となり，5チャンクとして7±2チャンクの記憶容量に収まる。

　また，短期記憶は，処理的側面を含んでいないため，日常の活動を支えている短期記憶の処理的側面に注目した短期記憶のことを作業記憶（ワーキングメモリー）と言う。バドリーによると，作業記憶という概念は，理解，学習，推論など認知的課題の遂行中に情報を一時的に保持するためのシステムと考えた。

（3）長期記憶

　記憶と言うときにイメージされるのは長期記憶である。長期記憶の情報は永久的にさらに無制限に保持できると考えられている。保持されている大量の情報は，必要なときに検索することで，短期記憶に転送され想起される。長期記憶は，情報の内容によって，「宣言記憶」と「手続き記憶」に分類される。宣言記憶は，エピソード記憶と意味記憶がある。エピソード記憶は，昨日の朝食のメニューなどの自伝的出来事や自然災害などの社会的出来事の記憶である。意味記憶は，家族の名前や誕生日などの個人的な情報，言葉の意味などの社会的に共有する知識の記憶である。手続き記憶は，自転車の乗り方やダンスの仕方など身体を使って覚えた記憶である。

第2節　思考の過程

1.　問題解決の思考

（1）問題解決の目標と過程

　パズルを解く場面を考えてみる。図4.2のような9個の点が正方形に配列してある。問題は，「4本の直線でこの9個の点を結べ。ただし途中で鉛筆を紙面から離してはいけない。」というものである。

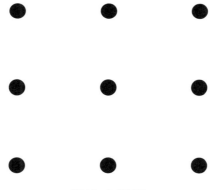

図 4.2　9 点問題

　答えの例は次のとおりである。左上の点からスタートして右上の点を通る直線を延長し，そこから右下の斜めに並んだ2点を通る直線を引き，その延長上からさらに左下の点と左上の点を結ぶ直線を引き，さらに左上の点と右下の点を結ぶ直線を作れば，これが条件に合った4本の直線となる。この問題の難しさは，解決のカギが常識と反するところにあることからきている。人は，点で囲まれた正方形の外に直線がはみ出してはいけないであろうと勝手に思い込む。そのような構えはここでは問題の見通しを妨げる。

　また，食堂で何を食べようかとメニューを見ているときにも「おなかがすいた」という初期の状態から「おなかを満たす」という目標状態に向けて考えている。このとき，私たちは自分が無

意識的に行動していると思ってしまいがちであるが，そこには到達すべき目標がある。その問題の解決に向けて初期状態（今ある状態）から目標状態（こうなればよい状態）に近づけていこうと考えている。このような問題解決の手段として「ヒューリスティクス」「アルゴリズム」などがある。

ヒューリスティクス

　私たちは，通常は限られた時間の中で受け入れられる最小限の「満足」を満たすように判断する。それは，自分の経験に基づいて考えて判断することである。メニューを見て食事を決めるとき，メニューをざっと見てこれと思うものを選ぶ。それはある程度満足ができるものである。私たちは，日常場面での問題解決には，ヒューリスティクスを用いて判断している場合が多い。

アルゴリズム

　人は，必要な作業の手順を思い浮かべて目標状態を実現するために問題解決を図る。つまり，何かを解いたり処理するための手順のことをアルゴリズムと言う。アルゴリズムは，詳しく手順が述べられていて誰でもまったく同じ結果が得られるようにならなければいけない。たとえばメニューから食事を決めるとき，おなかのすき具合を考え，以前に食べたことがあるものかどうか，今はこの料理が食べたいのか，カロリーはどのくらいなのか，値段とメニューの釣り合いはどうか，どの料理が一番今の自分に合っているのかなどを判断して決めるとしたら，この方法はアルゴリズムに近い方法である。しかし，全てのことにアルゴリズムを立てて，考えて判断していたら，実際には煩雑で実施が遅れてしまうはずである。私たちは，日常的にアルゴリズムで判断をしているわけではない。

(2) 孵化効果

　人は，問題を解こうとするとき，ひとつの考えにとらわれてしまい，問題が解けないことがある。そのようなとき考えることをいったん中断し，しばらく経ってからふたたび同じ問題に取り組むと，意外と簡単に今まで解けなかった問題が解決できることがある。シルベイラは「安いネックレス問題」で，このように，しばらく時間をおいて考えると答えが見つかることを卵を温めることに例えて，孵化効果と報告している。この課題は，「3つのリングがつながった4本の鎖

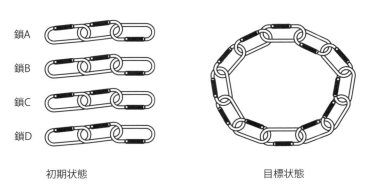

鎖A
鎖B
鎖C
鎖D

初期状態　　　　　　　　　　　　　　目標状態

図 4.3　安いネックレス問題（Silveira, 1971 をもとに作成）

があり，リングを開けるのには2セント，閉めるのには3セントかかる。15セント以内で，12個のリングをつないで1本のネックレスを作る方法を考えよ。」というものである（図4.3）。

シルベイラは，「30分休みなく考え続けた群」「途中に30分の休憩を挟み，合計で30分間考えた群」「途中の休憩時間を4時間に延ばした群」の3つの条件を設定して実験を行った。実験結果は，30分間考えた群より30分休憩を挟んだ群の正解率が高く，さらに4時間休憩を挟んだ群は30分休憩した群よりも正解率が高かった。このことは，休憩中（卵を温めている間）に問題を解決するのを妨害していた情報が頭の中から取り除かれたことに加え，新たな視点で問題に取り組むことが可能になったという孵化効果がこの結果を生んでいると考えた。

2. 演繹的推論

　問題解決などの場面で，私たちの思考はしばしば推論に基づいている。推論とは既知の前提となる情報から結論となる情報を導き出すことである。推論は，おもに演繹的推論と帰納的推論の2種に分けられる。演繹的推論は，一般的な情報から個別的な情報を導き出す推論である。演繹的推論における結論については，真偽の判断が可能であるが，知識の拡張になりにくいという特徴がある。一方，帰納的推論は，個別的な情報から一般的な情報を導き出す推論である。帰納的推論における結論については，信じるかどうかという確証度の判断が可能であるが，知識の拡張になり得るという特徴がある。

(1) 三段論法とそのエラー

　演繹的推論の典型的なものに「三段論法」がある。三段論法は，ギリシャ時代の哲学者アリストテレスによるものと言い伝えられている。三段論法では，「大前提（Major Premise）」として法則から導き出される一般的な原理を設定し，目前の具体的な事実を「小前提（Minor Premise）」として，「結論（Conclusion）」を導き出す。
　次のような三段論法命題は正しいか。

大前提：牛乳はガンに効く
小前提：この飲料には，牛乳が入っている
結　論：だから，この飲料はガンに効く

　牛乳がかならずしもガンに効くとは限らないにもかかわらず，「牛乳はガンに効く」という信念を持った。人は，三段論法から導かれる結論が自分の信念に合わないものであったとしても，自分が正しいと信じていることに基づいて，結論を受け入れたり，否定したりすることがある。結果が正しければ過程も全て正しいと思い込み，または結果が間違っていれば過程も全て間違っていると思い込んでしまうことがある。このことは「信念バイアス」と呼ばれている。

（2）4枚カード問題（条件的三段論法）

　演繹的推論におけるバイアス研究として4枚カード問題はよく知られている。これは，「もしp
ならばqである」という形の条件つきルールに，違反している可能性のあるものを見つけ出させ
るというものである。課題は，第1の前提に相当する「規則」と，結論命題を表すカードを提示
し，それにどのような第2の前提を加えれば妥当な論証になるかを問うものである。この課題の
創案者であるウェイソンが行った典型的な4枚カード問題の例「規則：母音の裏には，偶数の数
字が書いてある」を考えてみる（図4.4a）。

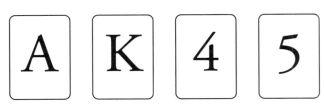

規則：母音の裏には，偶数の数字が書いてある。

図 4.4a　4 枚カード問題（抽象的な問題）

　これは，「pならばq」という命題に反しているものを見つける問題であり，4枚のカードは，
それぞれ「pである」「pでない」「qである」「qでない」に対応している。「pならばq」とい
う命題の正しさを確認するためには，「pである」と「qでない」の2枚のカードを調べる必要が
ある。

　図4.4aの正解は「A（pである）」つまりは「母音である」と「5（qでない）」つまりは「偶数
でない」であるが，ウェイソンによると，この問いに正しく答えられた者は10%にも満たなかっ
た。「5」をめくるということは，ルールに反するような証拠，すなわち反証（偶数でない）を捜
してみるということである。この実験結果は，人間が反証をうまく利用できないことを示してい
ると解釈できる。言い換えれば，人は確証ばかりに頼ろうとする傾向を持っているということに
なる。これを「確証バイアス」と言う。

　しかしながら，この4枚カード問題に文脈（規則：ビールを飲んでいるなら，その人は20歳
以上である）を与えると驚くほどにその正答率が上がり，多くの人が正答を答えた（図4.4b）。

規則：ビールを飲んでいるなら，その人は 20 歳以上である。

図 4.4b　4 枚カード問題（アルコールの問題）

ウェイソンは，このように具体的課題で正答率が上昇することを「主題化効果」と呼び，主題が具体的なので正答率が高くなったと考えた。

3.　帰納的推論

　グリノとサイモンは，帰納的推論を「原理・構造・法則を導く過程」と定義した。それに対してジョンソン＝レアードは，帰納的推論を演繹的推論と対比して「前提以上の情報を得る過程」と定義した。この2つの定義に共通している点は，観察された個々の事例から，確からしい一般的な結論（法則，規則性等）を導く推理過程が考えられていたことである。つまり，帰納的推論は，個別的な情報から一般的な情報を導き出す思考であり，帰納的推論における結論については，信じるかどうかという確証度の判断が可能であり，知識の拡張になり得る特徴がある。

（1）帰納的推論のエラー

　この問題は，2002年にノーベル賞を受賞したトベルスキーとカーネマンが共同で行った研究で使われた「ビル問題」「リンダ問題」である。「リンダ問題」は次のとおりである。

　「リンダは31歳，独身で，思ったことをはっきりと言う性格で頭も良い。彼女は大学で哲学を専攻した。学生時代には，女性差別や民族差別や社会的公正の諸問題に深い関心を持っていた。また反核デモにも参加していた。」

　リンダは現在どのような状況にあると思いますか。以下の内容を可能性が高いものの順に並べなさい。

①リンダは今，フェミニスト運動を熱心にしている。（F）
②リンダは今，銀行の出納係である。（T）
③リンダは今，銀行の出納係をしながら，熱心にフェミニスト運動をしている。（T＆F）

　結果は，回答者の多くが「リンダは今，銀行の出納係をしながら，熱心にフェミニスト運動をしている」を1番として選択した。しかし，この「リンダは今，銀行の出納係をしながら，熱心に女性解放運動をしている」は確率論的には誤りである。確率から考える限り，「リンダは，銀

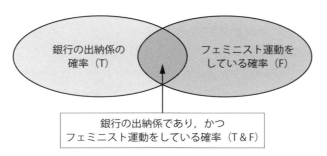

図4.5　銀行の出納係と熱心に女性解放運動をしている確率

行の出納係であり，熱心にフェミニスト運動をしている」である確率が「銀行の出納係」である
確率を超えることはあり得ない（図4.5）。

　これは，「連言錯誤」というエラーである。多くの人たちは，リンダの性格，学生時代の行動
などの記述に惑わされてしまい，リンダは差別や社会公正の問題に深く関心を示していることか
ら，きっと熱心なフェミニスト運動家であるに違いないと帰納的に推論してしまったのである。
このように代表的なイメージによるステレオタイプに基づいて判断することを「代表性ヒューリ
スティクス」と言う。

4．確率的推論

　私たちは，日々たくさんの判断を行い，良い結果が得られる見込みを素早く評価して生活して
いる。このことは「確率的推論」と言われている。どんな視点から推論をするのかによって，確
率的推論は演繹的推論なのか，帰納的推論なのかが異なってくる。たとえば，ある出来事の確率
がはっきりしていて，それをもとに推論するならば演繹的推論であり，演繹的推論は，前提から
必然的に結論が導かれるような推論である。日常経験の中で経験したことから，その確率を推論
するような場合は，帰納的推論である。帰納的な推論は，前提から結論を導くものであるが，そ
れが絶対とは言い切れない推論である。

（1）確率的推論のエラー

　トベルスキーとカーネマンは，各事象の生起確率について相対的に判断するとき，人は，真の
生起確率に注意を向けない傾向があることを指摘している。私たちは，しばしば直観的に事例の
典型性，代表性にとらわれて判断してしまう（リンダ問題）。すなわち，人は，このヒューリス
ティクスに従って，以下の度合いによって，不確実な事象の確率を評価する。すなわち，「この
事象は，本質的な特徴において，どの程度，母集団に類似しているか」「この事象は，これを生
み出した過程の際立った特徴をどの程度，反映しているか」である。多くの状況において，事象
Aが事象Bよりも確率が高いと判断するのは，事象Aは事象Bよりも代表的と思われるからであ
る。多くの点で，私たちは，「代表性」を「典型的」の同義語として機能する，とトベルスキー
とカーネマンは報告している。彼らは，このような判断の方略を代表的ヒューリスティクスと呼
んだ。

（2）直観的確率判断の特徴

　私たちは，行動・意志についてより良い決定をするために，ここからどのような事態がどのく
らい生じやすいかを考える。すわなち，事象・結果の生起確率を判断し考慮することは有効であ
る。このような確率の判断は，職業選択や車の購入などのように比較的重要な事柄に関する意思
決定に限られたものではなく，傘を持って出掛けるかどうかなど日常生活のささいな事柄に対し
ても行われている。このような直観的な確率判断は毎日数多く行われているため，毎日数多く得

られると推測されることから，私たちは自然に身につけた直観的判断は，概して妥当であると考えてきた。しかし，カーネマンら（1982）によれば，人が行う直観的判断はしばしば規範的・形式的判断から体系的な逸脱をすることが報告されている。

（3）直観的確率判断のヒューリスティクス

トベルスキーとカーネマンは，判断ヒューリスティクスについて，バーヒレルのタクシー問題によって検討した。

タクシー問題

「ある町では，緑のタクシーが85%，青のタクシーが15%走っている。ある夜この町でタクシーによるひき逃げ事件が起きた。ひとりの目撃者が見つかり『青いタクシーが犯人である』と証言した。ところが，この目撃者の証言がどれくらい正確かを検査したところ，事故当時と同じような状況下では80%の確率で正しく色を見分けるが，20%の確率で間違えてもう一方の色を答えてしまうことが分かった。さて，この目撃者の言うとおり，本当に青のタクシーが犯人である確率は大体いくらだろうか。」

ベイズの定理によって規範的解を求めると，目撃者の証言が得られた後で青のタクシーが犯人である確率は「41%」となる。ところが，実験参加者にこの課題を提示して得られる典型的な回答は「80%」である。また80%と答えた実験参加者は，しばしば「タクシーの割合は関係ない」と述べた。このように私たちは，日常的にヒューリスティクスを利用して直接確率判断をしているのである。

【参考文献】

Bar-Hillel, M. (1980). The base-rate fallacy in probability judgments. *Acta Psychologica, 44*(3), 211-233.

Greeno, J. G. & Simon, H. A. (1988). Problem solving and reasoning. In R. C. Atkinson, R. J. Herrnstein, G. Lindzey, & R. D. Luce (eds.), *Stevens' handbook of experimental psychology: Perception and motivation; Learning and cognition*, (pp. 589–672). John Wiley & Sons.

箱田裕司・都築誉史・川畑秀明・萩原滋（2010）．認知心理学（New Liberal Arts Selection）．有斐閣．

Johnson-Laird, P. N. (1988). *The computer and the mind: An introduction to cognitive science.* Harvard University Press.

Kahneman, D., Slovic, P. & Tversky, A. (1982). *Judgment under Uncertainty: Heuristics and Biases.* Cambridge University Press.

Miller, G. A. (1956). The magical number seven, plus or minus two: Some limits on our capacity for processing information. *Psychological Review, 63*(2), 81-97.

日本認知心理学会（監修）（2011）．記憶と日常．現代の認知心理学2．北大路書房．

日本認知心理学会（編）（2013）．認知心理学ハンドブック．有斐閣．

太田信夫・多鹿秀継（編著）（2000）．記憶研究の最前線．北大路書房．

Silveira, J. M. (1971). *Incubation: The effect of timing and length on problem solution and quality of problem processing.* Unpublished thesis, University of Oregon.

Tversky, A. & Kahneman, D. (1983). Extensional versus intuitive reasoning: The conjunction fallacy in probability judgment. *Psychological Review, 90*(4), 293-315.

Wason, P. C. (1968). Reasoning about a rule. *Quarterly Journal of Experimental Psychology, 20*(3), 273-281.

第5章
学習

第1節　学習とは

1.　学習について

　私たちは学習という言葉を思うとき，学校での勉強，世の中のさまざまな場面での技術や知識の習得・獲得をするための努力を思い浮かべてしまうであろう。しかし，心理学における学習とは，「経験によって生じる比較的永続的な行動変容」として考えられている。経験によって生じるというのは，同じ環境あるいは類似した環境に生体が繰り返しさらされることで生じる行動の変容を意味している。そのため，成長や加齢による声変わりなどは学習とは言わない。また，比較的永続的というのは，薬物や疲労による一時的な行動変容ではなく，コンピューターのキーボード入力作業を繰り返し行っていることで，キーボードを見ないでもキー操作ができるようになってしまうタッチタイピングの習得などの，練習や経験により生じる行動変容を学習と定義している。

2.　生得的行動と自発的行動

　生得的行動は，走性，反射，本能行動の3つに分けられる。走性とは，ある刺激に対して身体全体を単純移動する運動である。反射は，特定の刺激に対する固定的な反応である。本能行動は，走性や反射よりも複雑な行動パターンで，生存や繁殖のために行われる定型的な行動である。

　たとえば，走性は，昆虫が光に集まる習性など，反射は，膝蓋腱反射（第2章第1節シナプス伝達を参照）や光の強さによって瞳孔が拡大・収縮する瞳孔反射，本能行動は，中米コスタリカの森に生息する，オナガセアオマイコドリ（学名：Chiroxiphia linearis）の経験を積んだ雄鳥と若い雄鳥がコンビとなって行う，「求愛ダンス」がそうである。

　また，生得的行動の中には，ローレンツが報告しているカモや水鳥のヒナが孵化後に初めて見た動くものに追従する刷り込みという行動もそうである。なお，この刷り込みは，生後の限られた時期（臨界期）にしか成立しないし，一度学習すると再学習できないという特徴がある。

（1）条件反射と古典的条件づけ

梅干を食べたことがあれば，多くの人は梅干を見ただけで唾液を分泌するであろう。このような唾液分泌について，パブロフはイヌの唾液分泌を研究しているときに得た結果をもとに，大脳生理学の研究法として条件反射を提唱した。図5.1のような実験装置で，メトロノームを鳴らして餌を出すという2つの刺激をペアにして対提示することを繰り返して行った。このとき，何も反応を引き起こさないメトロノーム音を中性刺激，生得的な反応を誘発する餌を無条件刺激，餌より誘発される唾液分泌を無条件反応と言う。パブロフは，対提示を何回か行った後にメトロノームの音だけを提示すると，イヌは唾液分泌をした。このように対提示を行うことで無条件反応と同様の反応を誘発するようになった刺激を条件刺激，条件刺激により生起する反応を条件反応と言う。刺激と生得的反射を結びつける過程を「条件づけ」と言い，「パブロフの条件づけ」または「古典的条件づけ」と言われた。最近では古典的条件づけを「レスポンデント条件づけ」と呼ぶ。

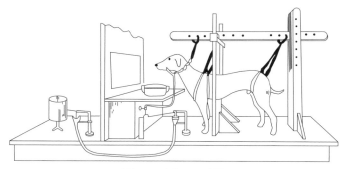

図5.1　パブロフの実験

（2）情動反応の条件づけ

ワトソンとレイナーは，アルバートという赤ちゃんに対して，白ネズミに手を伸ばした瞬間に，大きな音を出してアルバートを驚かせて，白ネズミを怖がる条件づけの実験を行った（図5.2）。

図5.2　ワトソンらの白ネズミの実験（藤田，2015）

この試行を繰り返し行った後，白ネズミを単独で提示するとアルバートは白ネズミを見た瞬間に恐怖反応を示し，さらには白ネズミに類似した刺激（ウサギ，イヌ，白いヒゲ）などに対しても同様の反応を示すようになった。このようにレスポンデント条件づけで獲得される行動には，唾液分泌などの反応だけでなく，情動反応も含まれる。

(3) 試行錯誤

　問題を解決する方法がはっきりしていないとき，あれこれいろいろ試していく方法である。その際，思いついたやり方を試してみたり，ある程度，計画的・系統的に試してみたりする場合がある。どのような方法を採ったとしても，やってみないと分からないという面が試行錯誤にはある。

　ソーンダイクは，動物の主体的な行動に注目して，学習の試行錯誤説を提唱した。一般的に動物は，生理的に満足な状態では不活発である。しかし，空腹状態では活発に行動する。ソーンダイクは，図5.3のようにペダルを踏まないと掛け金が外れず，外に出られない問題箱に空腹のネコを入れ，問題箱の外に餌を置いた。そして，ネコが問題箱から脱出するまでの時間を測定した。ネコは最初，外に脱出したいため問題箱の中をやたら動き回っている。動き回っているとき偶然，ペダルに足が掛かり問題箱から脱出できた。この試行を繰り返しているうち，ネコは脱出に成功するまでに要する時間が短くなった。そのうち，ネコは問題箱に入れられるとすぐにペダルを踏んで問題箱から脱出するようになった。このことから，ソーンダイクは，ある行動（ペダル踏み）によって好ましい刺激（餌）が得られるとき，その行動は起こりやすくなるという結論を導き出し，これを効果の法則と言った。

図5.3　ソーンダイクの問題箱（Thorndike, 1898）

(4) オペラント条件づけ

　ソーンダイクは，動物の知能を研究する中で効果の法則を発見した。スキナーは効果の法則をさらに発展させてオペラント条件づけを体系化した。レスポンデント行動が行動に先行する刺激

によって誘発されるのに対して，オペラント行動は，行動の後に生じる環境変化によってその生起頻度が変化する行動である。スキナーは，動物のオペラント行動を研究するためにスキナー箱という実験箱を作成した。スキナー箱は，ハト用の実験箱の場合，箱の中の正面の壁には丸窓（反応キー）があり，その下に餌が出てくる場所がある。キーの色を変えたり，特定のタイミングで餌を出したりすることができるものである。オペラント行動の基本は，オペラント条件づけである。

　空腹のハトは，スキナー箱に入れられると，ソーンダイクの試行錯誤箱に入れられたネコのようにさまざまな行動をする。そのうち，偶然に反応キーを突っつく（ペッキング）と，わずかな量の餌が穴から出てくる。やがて，ハトは反応キーを突くこと以外では餌が出てこないと分かると，ひたすら反応キーを突っつくようになる。すなわち，スキナー箱の「反応キー」に対し，突っつき反応が結びつけられたことを意味し，オペラント条件づけが成立したことになる。

3. 潜在学習

　トールマンとホンズィクは，ラットを用いて迷路学習の実験から潜在学習という現象を報告している。

①図5.4に示すような後戻りのできない迷路を準備し，出発箱に空腹のラットを置く。
②A群は食物箱に餌を置かない。
③B群は，食物箱を出口と考えたとき，この食物箱に報酬としての餌が置いてある。
④C群は，途中までに餌を置かずに，11日目から食物箱に餌を置いた。

　A群はただウロウロするだけで学習しなかった。B群は餌という報酬があるためオペラント行動が確立された。C群は，11日目からB群のような学習曲線になると予想されたが，いきなりB

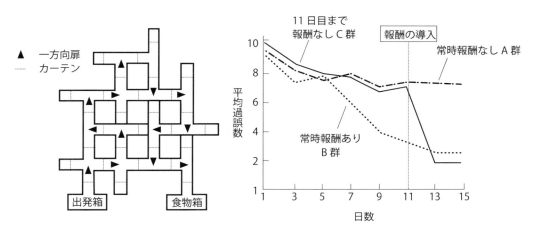

図5.4　潜在学習（藤田，2015をもとに作成）

群に追いついた。トールマンは，Ｃ群のラットは食物箱に餌を置かなかった場合でも，迷路の脱出については何かしらの学習が進んでいたが，実際の脱出行動として表面化しなかったと考え，これを潜在学習と呼んだ。

4.　観察学習

　「人の振り見てわが振り直せ」ということわざもあるが，私たちは，自らの経験を通して学習するだけでなく，他者を見ることで学習する場合もある。子どもは，兄弟がストーブに触ってやけどするのを見てストーブに近づかなくなったり，周囲の人の発音を模倣することによって言葉を学んだりする。このように他者の行動を介した学習を観察学習と言う。私たちは，社会的に好ましい行動を他者より学ぶ。会社の従業員は職場の中で観察学習を通して，言葉使いや仕事を覚えていく。観察学習の悪い影響としては，テレビなどのメディアにおいて暴力シーンが映されることで，反社会的な行動を学んでしまう。このことで，暴力シーンが問題視されることがある。

5.　運動学習

　運動学習とは，練習や経験と結びついた学習過程である。一般に，スポーツや日常生活などの運動行動は練習によって上達するものである。そして，同じ量の練習を行う場合，ある程度の長さや休憩を取りながら行った場合の方が，小刻みな休憩を取らずにまとめて行う場合よりも効果的に学習ができる。成人の運動技能学習は，「認知段階」「定着段階」「自律段階」の3つの段階を経て上達していく。認知段階は，何をすべきかを学ぶ段階である。定着段階は，どのように行うべきかを学ぶ段階で，体で覚えていく段階のため比較的長い期間を要する段階である。自律段階は，効果的な動きをするようになり，動作が自発的になる段階である。また，2つの運動技能のうち一方を練習することでもう一方に何らかの影響が認められる場合，それを転移と呼ぶ。良い影響であれば「正の転移」，悪い影響であれば「負の転移」と言う。

第2節　学習と記憶

　学習は，比較的永続的な行動の変容である。このことは，一度成立した学習の内容が記憶され，必要に応じて想起されることである。近年では，その関係について，「大脳生理学」や「神経科学」の分野での研究が進んでいる。

1.　長期増強と長期抑圧

　私たちが物事を学びそして記憶するとき，脳において個々の神経細胞は，シナプスと呼ばれる

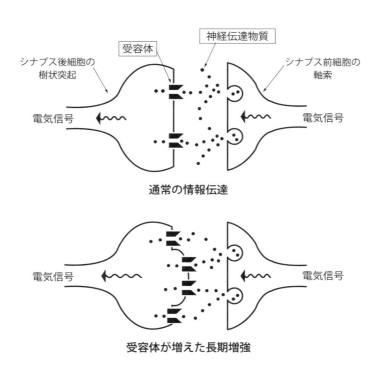

図 5.5　シナプスにおける長期増強（藤田，2015 をもとに作成）

接続部位を介して電気的信号により情報を伝達し，ネットワークを形成している。神経細胞間の情報伝達を担うシナプスでは，シナプス前細胞（情報を送る側の細胞）から神経伝達物質であるグルタミン酸が放出されると，シナプス後細胞（情報を受け取る側の細胞）表面に発現するグルタミン酸受容体に結合し，興奮情報を細胞から細胞へと伝える（図5.5）。

　記憶・学習の過程において，このシナプスを詳しく観察してみると，あるシナプスではシナプス後細胞に発現するグルタミン酸受容体の数が増えることにより情報伝達が亢進する，いわゆる長期増強と呼ばれる現象が起きている。また，あるシナプスでは受容体の数が減ることにより伝達効率が低下する，いわゆる長期抑圧と呼ばれる現象が起きたりする。私たちが記憶や学習しているとき，脳内のシナプスでは情報伝達を担っているグルタミン酸受容体の数が増えたり減ったりしている。このような長期増強や長期抑圧に代表される，神経活動に伴ったシナプス伝達効率の可逆的変化は「シナプス可塑性」と呼ばれ，記憶・学習の実験的モデルとして注目されている。

【参考文献】

藤田主一（編著）（2015）．新こころへの挑戦──心理学ゼミナール．福村出版．
鹿毛雅治（2013）．学習意欲の理論──動機づけの教育心理学．金子書房．
日本認知心理学会（監修）市川伸一（編）（2010）．発達と学習．北大路書房．
Thorndike, E. L. (1898). Animal Intelligence: An Experimental Study of the Association Processes in Animals. Psychological Review. *Serie of Monograph Supplements, 2*(4).

第6章
発達

第1節　発達とは

1.　発達とは何か

　「発達」とは，「誕生から死に至るまでの連続的な変化」と定義されている。この発達的変化は，年齢による心身，とりわけ精神諸側面のさまざまな変化の詳細な観察・記述によって理解されることが多い。このような連続的変化を取り扱う心理学の領域を「発達心理学」と呼んでいる。

　だが「発達心理学」という用語が登場したのは，じつはそれほど昔のことではなく，20世紀半ば以降，この数10年の間で用いられるようになった。

　これは人の平均寿命の伸びが大きく影響しており，かつては成人するまでの状況を明らかにすればよかったものが，現在は「受胎から死に至るまで」，といった人生の各段階の特徴を把握していくことへと変化してきたことが関係している。さらにその様相における獲得面だけでなく喪失面も含めて，発達を捉えようとする考え方へと変化してきている。

　人の心理を理解するためには，こうした生涯にわたる発達的な変化を理解することも重要な視点（生涯発達心理学）であり，心理学の基本的な側面の一部である。

2.　ライフサイクルと発達課題

　このように生涯にわたる人の変化の流れを「ライフサイクル」と呼ぶ。それはつねに連続した過程であり，段階に分けて理解するというのは，便宜的な視点とも言えなくもない。しかし発達のテンポは，その時期によって異なり，量的な変化だけでなく質的な変化も大いに見られる。そのためライフサイクルを年齢に従って段階的に区分し，その変化を理解しようとするために，じつはかなり昔から多くの発達段階が提唱されてきている。

　古代アテネの立法家でギリシャの七賢人のひとりであるソロンは，人生を7年ごとに10の段階に分け，ギリシャの医学生であるヒポクラテスは，7つの時期に分類している。さらに後の教育制度区分にも大きな影響を与えたコメニウスの分類は，教育の時期（1〜6歳），母国語による学校教育の時期（7〜12歳），高等教育準備としての学校教育の時期（13〜18歳），大学教育の時期（19〜24歳）と，発達区分が4つの段階に分けられている。

今日の発達心理学では，胎児期，新生児期，乳児期，幼児期，児童期，青年期，成人期，高齢期とライフサイクルを8つに区分して論じている。またフロイトは人間の性の発達を，ピアジェは思考の発達を，エリクソンは心理・社会的発達について述べており，次節ではそれらを解説していく。

3.　発達の原理

　人間の発達においては，個人差や性差などがあり，同じような速度で変化していくわけではない。しかしその中で発達は，一定の原理や特徴に基づいて進んでいくとの考え方が示されている。

（1）発達の順序性・方向性の原理

　発達は一定の決まった順序で進行していくことが知られている。新生児から乳幼児に至る移動・歩行の発達においては，当初の胎児の姿勢から歩行まで一定の順序をもって進んでいく。

　また方向性においては頭部から脚の方へといった「頭部から尾部への勾配」と，胴体部から腕や脚先といった「中心部から末端部への勾配」が挙げられる。

（2）連続性の原理

　発達は誕生から死までの連続的な変化を意味している。発達の速度が緩やかになり，発達が表面上止まっているように見えたとしても，実際には変化し続けている。発達の連続性はそれぞれの発達段階で異なり，あるときは急激に，あるときは緩やかにというように波動性も備えている。また前の発達段階が，その後の発達段階に影響を及ぼすことでも知られている。

（3）発達の分化・統合の原理

　発達とは，初め混沌とした未分化な状態であるものが，しだいにそれぞれの機能を持つものに分かれ，さらに分化したものが組織化されることによって，より複雑な全体を構成していくことを意味している。

　たとえば物をつかむ行動は，最初は指全体でつかむ（未分化）状態から，親指と人差し指でつかむ（分化した）状態へと発達することが挙げられるが，それがまさにこの原理である。

（4）発達の相互関連性の原理

　発達は，それぞれの要因や領域が個別に独立して発達するのではなく，相互に関連し合いながら発達し，それらが一緒になって全体的に発達につながっていく。

（5）発達の異速性の原理

　発達は身体の各部位によってその速度が異なり，速さのリズムがあることが示されている。たとえば大脳や延髄の神経系では，6歳ですでに成人の90％の重量になるが，睾丸や精巣などの性

器は，思春期に入るまではほとんど重量が変化しないなどの異速性が見られている。

(6) 発達の個人差の原理

　心身の構造や機能に関して，全ての人間が同じ時期に同じ水準に到達するわけではなく，発達の速度には個人差がある。遺伝的にも環境的にも異なる個人は，発達においてもその違いが個人差となって現れる。またその差は個性となって示されることも多い。

(7) 遺伝と環境の相互作用

　遺伝と環境は独立的に作用するのではなく，主体を通じてそれぞれが影響し合うことによって発達の要因となっている。

第2節　発達の理論

　一般的な発達段階とは別に，認知やパーソナリティなどの領域ごとに，発達段階の区分や名称が提唱されている。ここではピアジェの認知発達理論，ハヴィガーストの発達理論，エリクソンの心理・社会的発達理論，ボウルビィの愛着の発達理論を見ていく。

1. ピアジェの認知発達理論

　スイスに生まれたピアジェは，10歳で論文を発表した後，21歳のとき自然科学の分野で博士号を取得した。その後児童心理学の研究に取り組み始め，子どもの思考の発達過程を系統立て，明らかにした。ピアジェは，人を，活動を通して外界の認知・理解の枠組み（シェマ）を構成していく存在と見ている。そして，認知発達とは，質的に異なる高次のシェマを獲得していくことであり，段階的に一定の方向に進展するとしている。ピアジェの理論では，人の認知の発達を4段階に分類している（表6.1）。

2. ハヴィガーストの発達理論

　アメリカで生まれた教育学者ハヴィガーストは，化学や物理を学び，地元の大学で物理学を教えていた。この教授経験を通して，教育学や人間発達の分野に関心を移していった。ハヴィガーストの理論の特徴は，乳幼児期から老年期までを6段階に分け，各発達段階の時期に発達課題を設定したことである。ハヴィガーストは，発達課題を「人生の各段階の時期に生じる課題のことで，その課題を立派に成就すれば個人は幸福になり，その後の課題も成功するが，失敗すれば個人は不幸になり，社会から承認されず，その後の課題の達成も困難になってくる」と定義している。発達課題を最初に学術用語として使用したのがハヴィガーストである。ハヴィガーストは，

①身体的成熟や技能に関するもの，②社会の文化的要請，③個人の価値観や要望といった3つの領域に分けて，発達課題を設定している（表6.2）。

表6.1　ピアジェによる認知発達段階

1.　感覚運動期（0〜2歳）
見たり，聞いたり，触ったりという感覚や，つかんだり，落としたり，噛んだりといった運動，すなわち外的運動によって外界を知る段階である。
2.　前操作期（2〜7歳）
外界の事象をイメージや言語により保持し，活動や思考に利用するようになる。自分の立場から見た関係なら理解できるが，他者からの見方が理解できない（自己中心性）。また無生物も含め，物には全て生命や心があると考える（アニミズム）などの特徴が見られる。
3.　具体的操作期（7〜11歳）
保存の概念が確立される。自己中心的思考を脱し，自己と他者の視点が違うことを理解する（脱中心化）。具体的事象に関して，ある程度の論理的思考が可能になる。
4.　形式的操作期（11歳以降）
人の認知発達の最終段階である。抽象的な概念を用いて，仮説を立てて系統的に見ていくことで，論理的に物事が考えられるようになる。

表6.2　ハヴィガーストの発達課題の例

1.　乳幼児期
・歩行を学ぶ　・固形の食物を取る　・話すことを学ぶ　・性の違いと性の慎みを学ぶ ・大小便の排泄習慣のコントロールを学ぶ ・正・不正を区別することを学び良心を発達させる
2.　児童期
・ボール遊びや水泳などに必要な身体的技能を学ぶ　・同年齢の友だちと仲良くする ・男女の適切な性別による役割を学ぶ　・良心，道徳性，価値の尺度を発達させる ・自律的な人間性を達成する
3.　青年期
・同年齢の男女と洗練された新しい関係を築く ・両親や他のおとなからの情緒的独立を達成する　・経済的独立に関する自信の確立 ・職業の選択および準備をする　・結婚と家庭生活の準備 ・社会的に責任のある行動を求め，成し遂げる
4.　壮年初期
・配偶者の選択　・結婚相手との生活を学ぶ　・第一子をもうけ家庭生活を始める ・子どもを養育する　・就職する　・家庭外の社会集団の福祉のために責任を負う
5.　中年期
・おとなとしての市民的社会的責任を負う　・一定の経済的生活水準を確立し，維持する ・10代の子どもたちが，信頼できる幸福なおとなになれるよう援護する ・中年期の生理的変化を理解し，適応する　・老年の両親へ適応する
6.　老年期
・肉体的な強さと健康の衰退に適応する　・隠退と減少した収入に適応する ・配偶者の死に適応する　・自分と同年代の人たちと明るい関係を確立する

3. エリクソンの心理・社会的発達理論

　アメリカの発達心理学者・精神分析家のエリクソンは，ドイツに生まれた。母親はユダヤ系デンマーク人であった。エリクソンの誕生前に離婚した母は，エリクソンが幼い頃ユダヤ人と再婚した。エリクソン自身の出自や生育歴が，彼の提唱した理論に大きな影響を及ぼしていると考えられている。エリクソンは，ジークムント・フロイトの娘アンナ・フロイトが開設したウィーンの学校で教師をしていたが，ナチスが政権を掌握したことによりアメリカに移り住み，そこで教育，研究に携わった。

　エリクソンは，フロイトの生物的視点に社会的視点を加えた心理・社会的発達理論を提唱した。乳児期から老年期を8つの段階に分け，健康な自我の発達について，各段階で獲得・克服しなければならない課題としての心理・社会的危機を想定し，そうした課題を克服した状態と失敗した状態を対にした図式を提案した（図6.1）。各段階の課題の達成は前段階において準備され，その後の段階においてさらに進んだ課題の達成がなされる。これは，自我の発達が漸成的であるということを意味する。つまり前段階の発達の上に次の発達が生じるということであり，前段階の発達が達成されなければ，次の段階の健全な発達は生じないということである。

老年期 VIII								**統合** 対 絶望
成人後期 VII							**生殖性** 対 停滞	
成人前期 VI						**親密性** 対 孤独		
青年期 V					**同一性** 対 同一性拡散			
児童期 IV				**勤勉性** 対 劣等感				
遊戯期 III			**自主性** 対 罪悪感					
幼児前期 II		**自律** 対 恥・疑い						
乳児期 I	**信頼** 対 不信							
重要な 対人関係	母	両親	家族	近隣 学校	仲間 外集団	友情 性愛	分業と共 有の家族	人類
	1	2	3	4	5	6	7	8

図6.1　エリクソンの心理・社会的発達課題と漸成的発達図

4. ボウルビィの愛着の発達理論

　イギリスの精神科医ボウルビィは，大学で精神医学，心理学を学んだ。その後児童精神医学，精神分析学に興味を持ち研究に取り組み，母子関係に関しての業績を多く残した。今日の愛着理論の基礎となる重要な理論を提唱したボウルビィであるが，彼によれば愛着（アタッチメント）とは，「人が生まれてから数か月の間に特定の人（母親や父親）との間に結ぶ情愛的なきずな」のことである。愛着を愛着行動と愛着関係に区別できるが，愛着行動とは，母親や父親に対して

微笑んだり，泣いたり，抱きついたりするような，保護・養育を求める具体的な行動のことを言う。また愛着関係とは，愛情や信頼感といった，子どもが養育者に対して持つ，感情や対人関係のことである。ボウルビィは乳児には，他のどの生物種よりもこの愛着が発達的に重要であり，また愛着は段階的に形成されるとして，愛着の発達理論を提唱した（表6.3）。

表6.3　ボウルビィの愛着の発達段階

1.　無差別な反応（誕生〜2, 3か月）
誰に対しても同じように，微笑んだり，じっと見つめたりといった反応を示す。
2.　特定の相手への愛着反応（3か月頃〜6か月頃）
特定の相手（母親や父親）に対して，他の人よりも微笑んだり，反応したりする。特定の相手以外の人に対しては，人見知りが見られる。
3.　積極的な接近の追求（6か月頃〜2, 3歳頃）
特定の相手（母親や父親）が目の前からいなくなると泣き出したり，しがみつき追いかけるなどの行動が見られる。
4.　こころの中にできる特定の相手とのきずな（3歳頃〜）
特定の相手とのきずながこころの中にできてくるため，離れていても，姿が見えなくても泣かなくなる。

　この節で概説したピアジェ，ハヴィガースト，エリクソン，ボウルビィの理論の発達段階を表6.4に示す。

表6.4　各研究者の発達段階説

	年齢	ピアジェ	ハヴィガースト	エリクソン	ボウルビィ
乳児期	誕生	1：感覚運動期	第1段階	1：信頼対不信	1：無差別な反応
					2：特定の相手への愛着反応
	6か月				3：積極的な接近の追求
幼児期	1歳			2：自律対恥・疑い	
	2歳	2：前操作期			
	3歳			3：自主性対罪悪感	4：こころの中にできる特定の相手とのきずな
児童期 （学童期）	6歳	3：具体的操作期	第2段階	4：勤勉性対劣等感	
		4：形式的操作期			
青年期	12歳		第3段階	5：同一性対同一性拡散	
成人前期	20歳		第4段階	6：親密性対孤独	
	30歳		第5段階		
成人後期				7：生殖性対停滞	
老年期 （高齢期）	65歳		第6段階	8：統合対絶望	

第3節　胎児期〜乳児期

1.　胎児期

　受精から40週間の妊娠期間を経て，人は誕生する。受精後4〜7週の間には，すでに主要な臓器が形成されている（この時期は胎芽と呼ぶ）。その後，12週頃には目や耳，口などが分化して人らしい形態になり，5か月目頃になると，感覚，運動器官も発達し，母親は胎動を感じるようになる。さらに胎児は10か月までの間に急激に大きくなり，出産時には体重約3,000g，身長は約50cmほどへと成長する。

2.　乳児期

　出生後，1か月までの赤ん坊を新生児と言い，その後1歳〜1歳半頃までの期間を乳児期と言う。またその後の就学前までを幼児期と言い，併せて乳幼児期と呼ぶことも多い。

　かつて新生児は，まっさらな無垢の状態で生まれてくると考えられてきたが，その後の研究により，生まれながらにしてすでに優れた感覚機能を備えており，誕生直後から環境と活発に相互作用していることが分かってきている。

（1）新生児の感覚機能

　新生児は，生まれながらにしてすでに五感に関する機能を有している。嗅覚は最も発達して生まれてきており，自分の母親の母乳がついた布の匂いに反応できる。

　聴覚はすでに胎児期から発達している。20〜30週の頃の胎児に母親の声を聴かせると，心拍数が変化したり身体を動かしたりする。また生後間もない新生児も，音のする方へ顔を向けたり，大きな音に驚いたりする。さらに母親の声と他者の声をある程度区別することができる。

　視覚の基本的要素は出生時に全て備わっているが，生後約2週間は色彩知覚が十分に機能していない。視力は0.02程度であるが，母親の胸に抱かれたくらいの距離で焦点が合うようになっ

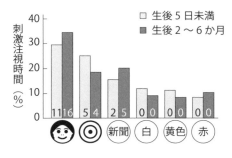

図6.2　新生児の注視パターン

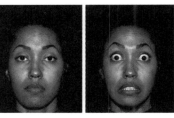

図6.3　ファローニらの実験刺激

ており，その顔を認識することが可能である。

　視覚に関しては興味深い傾向にあり，生後すぐの頃から人の顔を積極的に見ようとすることが分かっている（図6.2）。また最近の研究では，新生児が表情も区別し，笑顔をより好むことが報告されている。ファローニらは生後2日目から4日目までの25名の新生児に対する実験で，新生児は恐怖の顔と無表情の顔の区別はしなかったのに対し，笑顔と恐怖の顔では違った反応をし，笑顔をより長く注視することを示した（図6.3）。このような人の顔に注目する傾向は，自分の世話をしてくれる養育者の対象を見分け，愛着を形成することに役立つ。

(2) 新生児の社会性の発達

愛着について

　愛着（アタッチメント）とは，ボウルビィが提唱した概念であり，養育者との間で形成される情愛的な絆のことを指す。乳児期は親子関係などの養育者との関係性が非常に重要であり，新生児は愛着行動（泣く，微笑む，発声，注視，後追い，接近，身体接触など）を取ることで，親を引きつけようとする他，その対象に愛着を形成する。

　ボウルビィは，愛着によって子どもの安全と親自身の子どもを保護したいという目的が達成されると主張するとともに，それが内的ワーキングモデルとして，子ども自身の生涯にわたる対人関係の基礎にもなると位置づけた。すなわち実際に親子関係の中でどのような愛着関係を築けているかが，その後の他者との人間関係にも影響するとしたのである。

　乳幼児がどのような愛着関係を築いているかを調べる手法として，ストレンジシチュエーション法がある。これは実験的に，初めての場所，知らない人，母親が不在といった，乳幼児に強いストレスを与える場面を作り，その後の母親との再会時にその子どもがどのような態度を示すか，によって愛着関係の質的な側面を見ようとする手段であり，その結果，以下の4つのタイプが見いだされた。

A群（回避群）：母親に無関心で否定的な子どもで，母親への接近，接触要求が少なく，母親からの働きかけを回避しようとする。

B群（安定群）：ごく一般的なタイプで，母親への接近，接触要求が強く，分離時には泣き再会時には喜ぶという強い愛着行動を示す。

C群（アンビバレント群）：不安を示しがちで，分離時には強い悲しみを示し，再会時にも悲しみや不安がなかなか収まらずに反抗的な態度を示す。

D群（無秩序・無方向群）：顔を背けながら母親に近づくといった，接近と回避行動が同時に見られる。また不自然でぎこちない動作やおびえた表情を見せることがある。

　いずれのタイプも，日常生活での養育者との関係性が，こうした行動に影響していると考えられている。

第4節　幼児期～児童期

1. 幼児期

　新生児の頃から乳児期を経て，生後1歳から1歳半の頃には，おおむね自立歩行が可能となってくる。さらに大脳の発達に伴って言語能力の発達が進み，周囲と言葉でのコミュニケーションが可能となってくる。同時に認知機能の発達も進み，自分自身の認識とともに，自己を取り巻く環境の理解把握が可能となってくる。

　2歳頃には自己主張も可能となってくるため，親をてこずらせるような状態が生じやすく，いわゆる第一反抗期と呼ばれたりする。一見すると困った行動ではあるが，子どもとしては自我の芽生えでもあり，発達の重要な指標でもある。

　さらに3歳頃になると，遊びを通じて親以外の他者との間で社会性を発達させる。当初はひとりでの遊びが多かったのが，徐々に他の子どもらとの間で役割や協力などの関係性が生じ，その人間関係を通じた遊びを行うようになってくる。

　またすでに2歳頃より積み木を何かに見立てたり，周囲のおとなのまねをしたりと，イメージや象徴を用いた遊びができるようになってきており，4歳頃より自己中心的な面だけでなく客観的視点からの物の見方も徐々に可能になる。その後，5～6歳頃からは他者の立場に立った物の見方が可能となり，「こころの理論」が成立する。

（1）こころの理論

　外からは見えない他者のこころを推測して，他者がどのように考えるか，なぜそのような行動をするのか，をある程度一貫して説明・推測できること，つまり自分と他者にはこころがあることを理解していることを「こころの理論」を持つと言う。

　幼児期の子どもは自己中心的な思考をしがちであり，他者と自分との区別が難しいが，既述のとおり4歳以降になると，知能や認知面の発達から他者が自分とは異なる考えを持っていると理解できるようになってくる。

　この「こころの理論」を持っているかどうかは，以下の図6.4のように誤信念課題で確認することができる。

　この状況を動画で見せられた3歳代の幼児らは，サリーの立場に立った物の見方が不可能であり，状況を見たそのままにアンの隠した場所を回答してしまう。しかし成長の早い子どもならば4歳代からサリーの状況を理解した回答が可能なのである。こうした側面は，幼児個人の兄弟姉妹の数，愛着の安定性，言語能力等にも関連するが，どの幼児もおおむね5～6歳頃までには「こころの理論」として成立する。

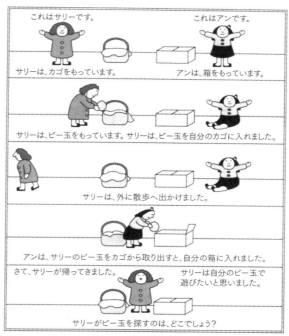

図6.4 サリーとアンの誤信念課題（Baron-Cohen et al., 1985 をもとに作成）

2. 児童期

　児童期はちょうど小学校に通う6〜12歳の時期であり，身体面や運動面においても著しい成長を遂げる時期であるとともに，心理面においても大きな変化が生じる時期でもある。

　すなわち学校生活の始まりが関係しており，第一に学習面からの影響が大きい時期である。エリクソンの発達理論においては，この時期の課題として「勤勉性」対「劣等感」を挙げており，目標に向かってコツコツと自発的に努力する勤勉さを育むこと，目標を達成できなかったときに生じる劣等感を克服することが重要な時期としている。

　さらにそれまでの親子関係中心だった人間関係から，同級生などの仲間関係が重要な位置を占めるようになり，この時期ならではの凝集性の高い集団を形成する傾向が生じる。この関係は，場合によっていじめなどの問題と関連することもあるが，逆に仲間内での関係が社会的なルールを学ぶ場となることもあり，親から心理的に独立するきっかけのひとつともなる。

　さらに認知機能面では，児童期以降，それまで自己中心的な傾向にあったものが徐々に客観的な視点をもって対応することが可能となってくる。おとなのような抽象的事象には対応できないが，具体的な事象には論理的な思考が可能となってくる。

第5節　思春期〜青年期

　青年期は，11歳〜20歳代半ば頃までの時期とされている。この時期は一人前のおとなではな

く，かといって子どもでもないといった，中途半端な時期である。

　かつて成人の仕事が狩猟や漁業，農業等が中心であった時代では，子どもからおとなになるまでの移行期間は短くて済んでいた。しかし現代社会においては，社会構造が複雑化し，教育年齢の延長と社会人になるまでの準備期間が長期化するのに伴い，青年期の期間は長くなってきていると言われる。

　またその始まりも，近年の子どもたちの身体的発育が加速していることから，以前に比べて思春期の始まりも早くなってきており，もはや小学生の高学年は，児童期とは言えなくなっているのも現状である。

　すなわち現代社会においては，青年期の拡大が特徴として挙げられ，とくにその終焉における「何をもっておとな（成人）と見なすか」という側面は，さまざまな社会情勢の影響もあり，はっきりとした形で提示するのが難しくなってきている。

1.　思春期

　思春期は青年期の始まりに位置し，基本的には第二次性徴の発現といった，身体的な発達を発端としている。男子の場合は筋骨の発達，変声，体毛の発生，生殖器の発達，精通現象，女子は乳房の発達，丸みを帯びた体型への変化，初潮現象などの変化がその特徴として生じる。また身長や体重などが両親よりも大きく，また力も強くなることも珍しくない。

　このような身体的変化をきっかけとして，性衝動や異性への関心の高まりはもとより，思春期には児童期とは異なる自我の芽生えが現れ，青年期全体を通じて「自分とは何者なのか」という課題に取り組むこととなる。

2.　青年期

(1) 第二の分離－固体化の時代

　青年期は認識の発達により，推論や論理的判断，適切な情報処理も可能となってくる。自分への洞察，状況判断をしながら自分の将来を考える基礎を獲得していく。しかしその一方で，社会的経験の不足から理想主義的な傾向も強くなりがちである。

　親に対する見方が変化し，これまで疑問なしに依存してきた親との生活に距離を置くようになり，友人関係に重きを置いていく。ときには親や社会の在り方への疑問や不満が高まることも少なくない。この状態は第二反抗期とも呼ばれ，赤ん坊が親とは異なる別個の人格を持っていることを意識する，マーラーの「分離－固体化」の理論に準じて，「第二の分離－固体化」の時期とも呼ばれている。

　すなわち，親へ反抗しながら自立する不安も生じるため，その距離感を模索しながらひとりのおとなとして独立していくプロセスを経験するのが青年期の特徴である。

(2) アイデンティティの確立

　エリクソンは青年期を「アイデンティティを確立する時期」としている。アイデンティティとは「自我同一性」と訳されており、「過去～現在～未来を通じて、さらに自分自身が考える自分と、他者や社会から認められ期待されるさまざまな自分とを統合する自我の機能のこと」である。なお自我同一性の構成要素としては以下の4つの要素が挙げられている。

　「自己斉一性・連続性」：自己の斉一性、および時間的連続性についての感覚。

　「対自的同一性」：自分自身が目指すものや望むものが明確に意識されている状態。

　「対他的同一性」：他者から見られている自分が、本来の自分自身と合致している感覚。

　「心理社会的同一性」：現実社会の中で自分自身が適応的に結びつけられているという感覚。

　具体的には、「自分はどういった人間か、将来どう生きていくのか」といったことを模索し、自分の中の信念として確立していくことである。エリクソンは、青年期をそのための期間であるとし、そのアイデンティティを確立するまでの猶予期間（これをモラトリアムと言う）と位置づけた。

　すなわちこうした、アイデンティティを確立するために「模索すること」が許される時期でもあり、青年はこの時期に、友人や異性との付き合い、アルバイトなどの労働体験などを通じて、少しずつ社会の中での役割や自分自身の立ち位置を見つけていくのである。

　しかし前述のとおり、現代においては社会情勢の変動により、ひとりの社会人として自立していくのが困難な場合があることや、その一方で精神的な成熟がなされなくても、一定の社会的・経済的な自立が可能となってしまっているのが実情である。すなわち今日のアイデンティティの確立にはさまざまな価値観が混在しており、青年期の延長につながる要因になっていると考えられる。

第6節　成人期～老年期

1.　成人期

　青年期には、「自分は何者か」を自分に問いながらアイデンティティを確立し次の成人期へと進んでいく。前述のとおり、青年期はいつ終焉を迎えるか？　また成人期はいつから始まるか？というのは、個人差や研究者らによってばらつきが大きい。

　しかしライフイベントや、身体的な側面の変化を考慮すると、専門学校や大学等を卒業後、就職や結婚を経験する20代後半から30代半ばくらいまでは成人期前期として、そしてそれ以降の30代後半や40代を迎える頃からは、成人中期（中年期）として扱うのが一般的である。そして定年による退職や、前期高齢者としての枠組みが始まる60～65歳頃までが成人期とされている。

　エリクソンは成人期前期の発達課題として、「親密性」を挙げている。親密さとは、社会の一

員としての存在から求められる，職業や結婚生活への適応に際して必要な側面のことであり，意見の異なる他者と一緒にうまくやっていけるか否かをこの時期のテーマとしている。

　しかし就労や結婚への不安定な情勢もあり，正社員としての経験のないまま，未婚のまま，さらには就労先以外の社会的なつながりがないままで中年を迎え，「孤立」してしまう可能性も生じる時期である。

　さらにエリクソンは，成人中期の課題として「生殖性」を挙げている。これは次の世代のために知識，経験，愛情を継承していくこと，とくに親として子どもを生み育てるために，自分の資質を発揮して社会に貢献していくことである。もちろん子どもがいなくても，仕事場面での若手の育成にエネルギーを注ぐこともまたこの課題に関連しており，それらを経験し自信を持つことで，成人としての成長が進むとした。

　しかしそのためには，それまで自分自身の事柄だけに向けられていたエネルギーを，子どもや後輩など「次の世代」を育成することに向けていかねばならず，柔軟性や自己抑制などが強く求められてくる世代でもある。そのため自分自身に新たなる役割やキャラクターを構築しなければならず，そこへの興味や経験が乏しい場合は「停滞性」を強めてしまい，次の老年期に迫ってくる「死」へのポジティブな対応が難しくなってしまう可能性が高まりやすい。

2.　老年期

　老年期という時期は，健康状態や人間関係，経済状況などの個人差が大きく目立つ時期である。しかし万人に共通して起きてくる発達的特徴として，心身に認められる老化現象の出現とともに，疾病にかかりやすく不健康状態に陥りやすくなることが挙げられる。社会的関係も中年期よりも縮小することが多く，金銭面・人間関係面でのもろもろの喪失を経験することとなる。

　エリクソンはこの時期の発達課題として「自我の統合vs絶望」を挙げている。この課題の意義は，自分の半生を振り返り，それまでの生き方をかけがえのないものとして受容できるか否かであり，この課題の達成に成功すれば，精神的にも穏やかで充実した心境を獲得できるようになるとした。反対にこの課題の達成に失敗すれば，自己の人生を後悔し，嫌悪を抱くようになると考えられている。

　すなわち，自己を価値あるものとする感情（自我の統合性）を維持し人格の円熟化に向かうか，自己の人生に絶望し諦め何事に対しても意欲を喪失するのか，という課題が出現してくる時期なのである。こうした課題が浮き彫りとなるのは，人生の終焉，つまり自分自身が「死」を迎えることをどのように受け入れていくか，といったことが命題となるからであり，誰もがそのテーマと対峙するのが老年期である。

　ただしそういった「死」を意識することが，人をさらに発達させる可能性もある。エリクソンは「老年期にある人が最後の力で獲得する英知とは，死そのものを目前にしての，人生そのものに対する超然とした関心である」としている。

　そして英知の獲得には，「死をしっかりと意識することが大切であり，死を現実的に視野に入

れることができる高齢者には特有の，さらなる精神的発達がある」ということを指摘している。すなわち自分自身の老化に対して，どのような折り合いをつけるのか，死をどのように受け止めていくのか，が人生の終焉に向けてのテーマなのであろう。

【引用文献・参考文献】

Baron-Cohen, S., Leslie, A. M. & Frith, U. (1985). Does the autistic child have a 'theory of mind'? *Cognition, 21*, 37-46.

Fantz, R. L. (1965). Visual perception from birth as shown by pattern selectivity. *Annals of the New York Academy of Sciences, 118*, 793-814.

舟島なをみ・望月美知代（2017）．看護のための人間発達学　第5版．医学書院.

森谷寛之・竹松志乃（編著）（1996）．はじめての臨床心理学．北樹出版.

二宮克美・山本ちか・大幡直也・松岡弥玲・菅さやか・塚本早織（2021）．エッセンシャルズ 心理学　第2版──心理学的素養の学び．福村出版.

小野寺敦子（2009）．手にとるように発達心理学がわかる本．かんき出版.

庄司順一・西澤哲（編）（2001）．ソーシャルワーカーのための心理学．社会福祉基礎シリーズ12．有斐閣.

髙橋一公・中川佳子（編著）（2014）．生涯発達心理学15講．北大路書房.

第7章
知能

第1節　はじめに

　知能とは，簡潔に言えば「人が自分で考えて，推理を行い，課題を解決するための能力」である。

　具体的には，論理的に考える，計画を立てる，問題解決する，抽象的に考える，考えを把握する，言語機能，学習機能などさまざまな知的活動を含むこころの特性のことである。

　「知能」に関する研究は，個人差の研究として19世紀から行われてきた。しかし実際に現代の心理学における知能を測定しようとしたのは，1905年のビネーとシモンによる検査の作成からである。

　当初はパリの教育局から，通常授業についていけない発達障害の子どもを発見する方法の開発を求められ，小児科医シモンの協力のもと初めての知能検査を作成した。そしてその後，精神年齢という概念を作り知能の水準を測ろうとしていった。

　さらにアメリカ，スタンフォード大学の教授であったターマンが，ビネーの検査をアメリカで標準化し，その際の評価法として知能指数（IQ）という概念を提案することとなった。

　またベルビュー病院に勤務していたウェクスラーは，単に知能指数だけではなく，動作性や言語性といった，知能の内容にも言及した新しい知能検査を開発し，その後ビネー法とともに代表的な検査となった。

　この章においては，知能に関する幾つかの理論の紹介と，知能を規定する要因について解説する。なお測定を行う知能検査に関しては，後述第12章第3節にて紹介する。

第2節　知能の理論

1.　知能とは

　知能はさまざまな側面から成り立っているが，心理学者の考える知能の定義とは以下のとおりである。

①学習する能力：経験や洞察によって行動を変えることができる能力。

②抽象的に思考する能力：具体的に経験した事実から，共通点や相違点を見いだしたり，言葉や数字の意味を知っていく能力。

③生活環境に適応する能力：新しい環境や課題場面に対する適応性や順応に関する能力。

　知能には，このようにさまざまな側面があるが，その包括的な定義としては，「個人が目的的に行動し，合理的に思考し，自分を取り巻く環境を効果的に処理する総合的な能力」（Wechsler, 1939）が挙げられる。

2. 知能の構造

　知能の構造に関する理論として代表的なものを以下に提示する。

(1) 二因子論

　スピアマン（Spearman, 1904）は，ある種の課題で良好な成績を示すものは，他の多くの課題でも好成績を示すとの事実から，知能を「一般因子（知的活動全般に共通して作用する因子）」と，「特殊因子（各領域における知的活動それぞれに作用する因子）」により構成されていると想定した。これを小学生の成績に例えると，一般因子は一般的な頭の良さに関する側面，特殊因子は個々の科目の得意，不得意に関する側面に当たり，前者は遺伝的に，後者は経験によって決定されるとした。

(2) 多因子論

　その後，知能の構成要素を3つ以上仮定する，知能の多因子説が提唱された。これは知能は幾つかの特殊因子で構成され，特殊因子の共通要素から幾つかの一般因子が見いだされるという考え方である。以下にその代表的な考え方を紹介する。

　サーストン（Thurstone, 1938）は，大学生などを対象とした知能テストの成績を因子分析して，知能を全部で7つの因子から構成されると定義した（図7.1）。

　キャッテルとホーンは，一般的知能の構成要素を，結晶性知能と，流動性知能とに分けた。

　またギルフォードは，上記のサーストンと同様に知能に関する調査研究を行い，因子分析の結果，知的活動を情報処理の過程と見なして，内容（処理する情報の種類），知的操作（情報に加える心理的操作），所産（生み出される結果）という3つの次元で構成されるとした。また彼はこれら3つの次元の因子を組み合わせた知的構造モデルとして120個の因子行動があり，それを総称して知能と考えるとしている（図7.2）。

　さらにキャッテルはさまざまな調査結果の因子分析から，知能は，専門知識や趣味に関する知識などの経験の結果として作られた結晶性知能と，思考能力や記憶力などの新しい場面に臨機応変に対応する流動性知能とに分かれることを明らかにしたが，その弟子であるホーンはその2つ

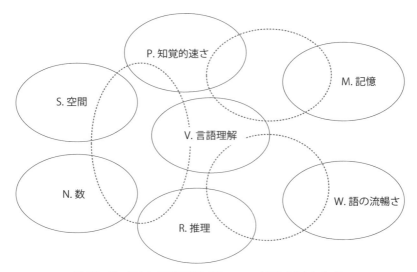

図7.1　サーストンの多因子説（Thurstone, 1938 をもとに作成）

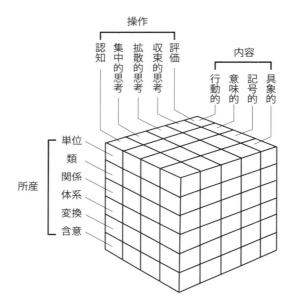

図7.2　ギルフォードの知能モデル（Guilford, 1959 をもとに作成）

に加え，視覚的知能，短期の習得と検索，長期の貯蔵と検索，認知的処理速度などの能力因子も加えた。

　その他ガードナーは，知能は複数の独立した要素で構成されると主張し，8つの知能を提唱した。すなわち言語に関する言語的知能，数的処理に関する論理数学的知能，作曲や演奏に関する音楽的知能，身体活動に関する身体運動的知能，立体的処理に関する空間的知能，対人関係に関する対人的知能，自分自身の理解に関する内省的知能，物の識別に関する博物学的知能である。

　さらに近年では，自分の感情に関する情動知能も着目されている。情動の構成要素として，自

分自身の情動を知る，感情を制御する，自分を動機づける，他者の感情を認識する，人間関係をうまく処理する，という5つの要素を挙げている。

第3節　遺伝と環境

　心理学において発達上の遺伝と環境の影響については，知能とパーソナリティに関することを含め，過去には大きな論争が行われてきた。

　遺伝的要因を重視する立場としては，ゲゼルによる説がある。それは個人の発達はあらかじめ遺伝子にプログラム化されており，経験により書き換えはできないとする説である（成熟説・遺伝説）。

　その一方で，環境的要因を重視する立場は，ワトソンによる行動主義の考え方がもととなっている。これは，人間の行動や情緒反応は過去の経験や現在の環境要因によって決定されるという立場である（経験説・環境説）。

　しかしこれら2つの立場は操作的に分離することは困難であり，発達は遺伝と環境の相互作用であるという立場がその後の主流となっている（相互作用説）。

　その発端となったのがシュテルンによる輻輳説である。それは発達は遺伝要因と環境要因とが輻輳（収束するという意味）して初めて決まっていくと考えた。しかし発達はその2つの要因の単純な加算ではないことや，各能力等にどのような影響を与えるのか，といった詳細な議論が困難だという意見が生じることとなった（図7.3）。

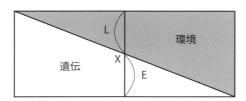

図 7.3　シュテルンの輻輳説（ルクセンブルガーの図）（岡田，1954 をもとに作成）

　その後，提唱された相互作用説としては，ジェンセンによる環境閾値説が最もそういった議論を説明できるものと考えられている。彼は遺伝によって与えられた才能を伸ばすためには，その才能ごとにそれ相応の環境の適切さがあり，その最低限度を閾値とした指標を提示した（図7.4）。

　たとえば身長のように，よほどの劣悪さがない限り環境に影響を受けないものは閾値が低いとされ，音感や外国語音韻の弁別といったものは環境要因の閾値が高いとされる。

　このように現在では，人間の発達を遺伝か環境か，というような要因を独立して捉える考え方はなされていない。ピアジェの発達理論に代表されるような，遺伝的要素と環境との相互作用の過程において，どのようなメカニズムが関与しているのか，といった部分の解明が，発達を考えるおもなものとなっている。

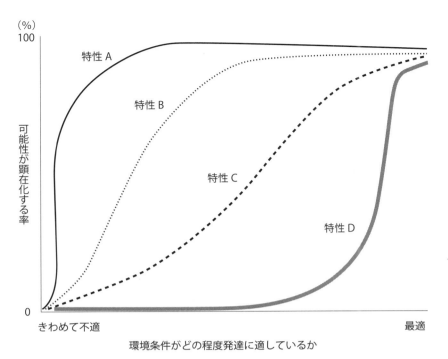

図 7.4　ジェンセンの環境閾値説（Jensen, 1968 をもとに作成）

【引用文献・参考文献】

Guilford, J. P.（1959）．Three Faces of intellect. *American Psychologist, 14*, 469-479.

Jensen, A. R.（1968）．Social class, race, and genetics: Implication for education. *American Educational Research Journal, 5*(1), 1-42.

森谷寛之・竹松志乃（編著）（1996）．はじめての臨床心理学．北樹出版．

岡田敬藏（1954）．遺傳と環境．井村恒郎・懸 田克躬・島崎敏樹・村上仁（責任編集）．異常心理學講座．第1巻 第5冊．みすず書房．

小野寺敦子（2009）．手にとるように発達心理学がわかる本．かんき出版．

庄司順一・西澤哲（編）（2001）．ソーシャルワーカーのための心理学．社会福祉基礎シリーズ12．有斐閣．

Spearman, C.（1904）. General Intelligence, Objectively Determined and Measured. *The American Journal of Psychology, 15*, 201-292.

髙橋一公・中川佳子（編著）（2014）．生涯発達心理学15講．北大路書房．

Thurstone, L. L.（1938）．*Primary mental abilities*. Chicago, IL University of Chicago Press.

Wechsler, D.（1939）. *The measurement of adult intelligence*. Williams & Wilkins Co.

第8章
性格

第1節　性格とは

　人々の行動や意識的な経験には，ある程度まで共通性が見られるが，個人的な差異が認められるのも事実である。個人的な差異の中には，状況が異なってもその人には独自で，ある程度まで一貫した特徴を示すものがある。

　「性格」とは，端的に言えばそういった「その人らしさ」である。状況の変化にかかわらず，その個人の特徴的な行動や思考などを決定しているものであり，類義語として，キャラクターやパーソナリティ，気質といった用語が挙げられる。

　この場合，キャラクターとは生得的な素質を基礎に持つ，変容しにくい傾向性という意味合いであり，気質とは個体の生理的，生物的な基礎を強調して使われることが多い。

　またパーソナリティとは，ラテン語における「仮面（persona）」が語源となっており，日本の古典演劇の「能」のように，その人がどのような役柄なのかを，その役者が着ける「面（おもて）」で表現することにつながる意味がある。すなわち，その人のさまざまな「人柄」を表現する手段として用いる「仮面」を付け替えるように，場面や状況などの環境により変化するものであるということが，人間の性格の一面であることを意味している。

　このように多義にわたる用語であるが，代表的な定義としては「個人を特徴づける行動や思考を決定づけている心理・身体的体系であって，その個人の内部に存在する力動的体制」（Allport, 1961）が挙げられる。

　またパーソナリティの形成に影響する要因には，前章，「知能」における解説と同様に，親から受け継いだ遺伝による側面と，生活や親の養育態度などの環境による側面との2つがあるが，現在ではその遺伝と環境とが相互に影響し合うという，相互作用説が主流となっている。

第2節　性格の理解について

1.　類型論と特性論

　パーソナリティをどう捉えるか，ということにおいては，類型論と特性論という2つの立場が

ある。

　類型論は，人の特徴をタイプ（類型）に分けてパーソナリティを捉えようとする考え方であり，特性論は，パーソナリティを表す特徴（特性）を組み合わせてパーソナリティを捉えようとする考え方である。

（1）類型論

　代表的なものとしては，クレッチマーによる類型論が挙げられる。彼は体型と気質の関係に着目し，健常者の気質を，高い社交性を示す躁うつ気質，非社交的で自分の世界にこもろうとする分裂気質，熱中しやすく自分の考えに固執する粘着気質の3つに類型化した。

　そして，躁うつ気質は脂肪で丸みを帯びた体型の肥満型，分裂気質は肉づきが少ない細長型，粘着気質は体格と筋肉が発達した闘士型の体型が多いことを指摘した（図8.1）。

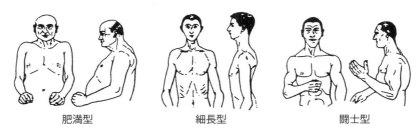

肥満型　　　　　　　　細長型　　　　　　　　闘士型

図 8.1　クレッチマーの体型による類型論

　このように生物的特徴を基盤とする説の他に，心理的特徴を中心とした説としてはユングによる類型論がある。彼は精神活動を支えるリビドーという心的エネルギーに着目した。

　そのリビドーが自分以外に向いている人を外向型，自分に向いている人を内向型とし，加えてリビドーの現れる形式（心的機能）も，合理的機能である思考と感情，非合理的機能である感覚と直感の4つに類型化した。そして外向型と内向型とのそれぞれの機能との組み合わせにより，合計8つの類型を想定した。

　こうした類型化によってパーソナリティを把握する方法は，人間を独自な全体と考えるため，個人の全体像の総合的な把握が可能である。しかし同時に，そのタイプに当てはまらない中間型や混合型の正確な把握が難しいだけでなく，単純化して当てはめるためにパーソナリティを画一的に捉えがちであり，血液型などの根拠のない説も広まりやすい傾向にある。そのため，類型論を安易に用いることには大きな問題がある。

（2）特性論

　特性論を最初に主張したオルポートは，『ウェブスター英語辞典第2版』に収録された約40万語から，人間の特徴を表現していると考えられる1万8,000語近くの言葉を選び，これを分類して14の特性を抽出した。その後，他の研究者により，それぞれのパーソナリティの背後にある

共通要素を探すため因子分析が行われ，さらに最小限の特性が探求されるようになった。

　現在はゴールドバーグにより提唱された，パーソナリティを5つの特性に分けて考えるビッグファイブモデルが主流となってきている（図8.2）。

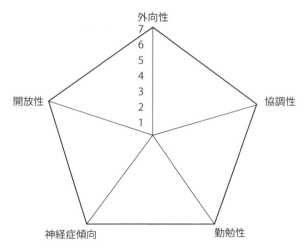

図8.2　パーソナリティのビッグファイブモデル

　特性論は対象者のパーソナリティの多様性を捉えるのに適している。しかしその一方で，対象者の全体像を解りやすく提示し難いことや，対象者が意識できる側面のみしか扱うことができないなどの問題点も指摘されている。したがって，その人物のパーソナリティを深く理解するためには，複数の測定法を組み合わせる必要がある。その際，幾つかの検査法を用いる場合を「テストバッテリー」と称している。

第3節　性格検査・パーソナリティの測定法

1．パーソナリティを測定する目的

　対象者のパーソナリティを測定することは，心理アセスメントと呼ばれている。その目的は，対象者のパーソナリティの特徴を調査する，対象者の治療方針や援助の方法を決める，対象者を評価する，対象者の適性を予測する等が挙げられる。

　またその方法としては，対象者の行動を観察してパーソナリティを調べる行動観察法，対象者と直接会って質問を交わしながらパーソナリティを調べる面接法，パーソナリティの測定用に作成されたテストや作業を通じて調べる検査法の3つが挙げられる。ここでは実際の測定で用いられることの多い，面接法，および検査法について説明する。なお各種検査法に関しては，後述の第12章第3節「心理査定（アセスメント）」にて紹介する。

2. 面接法

　面接法は以下の3つに分けられる。

①非構造化面接：質問内容や順序が決まっておらず面接者が自由に質問していく方法。

②構造化面接：決められた質問を順序通りに提示していく方法。

③半構造化面接：内容は決まっているが相手に合わせて順序や聞き方を変化させていく方法。

3. 検査法

　検査法は以下に挙げられた種類に分けられる。

①質問紙法：あらかじめ決められた質問項目に回答していく方法。

②作業検査法：一定の作業の経過やその結果に基づいて調べる方法。

③投影法：意味の曖昧な刺激を提示しそれに対する被検者の反応をもとに調べる方法。

【引用文献・参考文献】

Allport, G. W. & Odbert, H. S. (1936). Trait-names: A psycho-lexical study. *Psychological Monographs, 47*(1).

Goldberg, L. R. (1990). An alternative "description of personality": The Big-Five factor structure. *Journal of Personality and Social Psychology, 59*(6), 1216-1229.

稲富正治（2016）．図解 臨床心理学．日本文芸社．

森谷寛之・竹松志乃（編著）（1996）．はじめての臨床心理学．北樹出版．

中村昭之（編）（1982）．心理学概説．八千代出版．

二宮克美・山本ちか・大幡直也・松岡弥玲・菅さやか・塚本早織（2021）．エッセンシャルズ 心理学　第2版——心理学的素養の学び．福村出版．

小野寺敦子（2009）．手にとるように発達心理学がわかる本．かんき出版．

第9章
欲求と感情

第1節　欲求と動機づけ

1. 欲求とは　動機づけとは

　知りたいと思うことがあったとき，インターネットで検索をする。欲しい物があるが資金が足りなければ，アルバイトをする。喉が渇けば，冷蔵庫のドアを開け，飲み物を探す。私たちは「○○したい」と思うとそれに向けて行動していくのである。このように，人が内外の刺激の影響を受けて，行動を駆り立てられる過程を表す言葉のひとつで，行動を引き起こす内的な状態・力を欲求・動因・動機と言う。欲求のうち個体の生命維持や種の保存に関わる，生得的な行動の推進力の場合，動因と呼ぶ。これに対し，社会や文化の価値を通して，個体が獲得していく社会的行動の推進力の場合，動機と呼ぶ。また，人を動かす外的な力のことを目標・圧力・誘因と言う。たとえば「喉が渇いた」という内的な状態，飲水欲求があるとする。しかし，砂漠の真ん中で，飲み物を携帯していなければ摂水行動は生じない。実際に行動が起こされるには，行動に駆り立てる「水」の存在，つまり内的な状態だけでなく，これに対応した外的な力の存在を考えなければならないのである。行動はこのような内的な力と外的な力のバランス関係から生じるのである。

　また，人が内外の刺激の影響を受けて，ある目標に向かって行動を引き起こし，その行動を維持しようとする一連の心理的プロセスのことを動機づけ，モチベーションと呼んでいる。一般的に使われる「意欲」や「やる気」とほぼ同義語であると考えられている。

　数ある欲求のうち，「食べたい」「飲みたい」「眠りたい」というような，生理的な過不足状態（飢え，渇き，睡眠など）を伴う，個体の生命維持と種の保存に関わる欲求を生理的欲求と言うが，これは人や動物が生きていくためには不可欠なものであり，一次的欲求，動因とも呼ばれている。この動因を低下させるために動機づけられる（たとえば「飲みたい」という動因を満たすために何かを「飲む」という行動を起こす）という考えを動因低減説と言う。

2. 感覚遮断の実験

　動因低減説で全ての現象を説明できるのかというと，そうではない。動因低減説が正しければ，

生理的欲求が満たされ体内の生理的不均衡がなければ，人は何に対しても動機づけられることはなく，したがって何も行動を起こさないはずである。しかし，これと矛盾した現象が確認されたのである。そのひとつが，ベクストンら（Bexton et al., 1954）によって行われた感覚遮断の実験によって明らかになった現象である。

この実験に参加した大学生に求められたことは，何もしないでただ，ベッドの上に横たわることであった。具体的には，目には半透明のゴーグルを着け，耳はフォーム・ラバー製のU字型枕で覆い，それぞれ刺激を遮断した。また手から前腕にかけ厚紙の筒で覆い，触刺激を制限した状態で柔らかなベッドの上に，何もしないでじっと横になっていることが求められたのである。

この実験に対して支払われた報酬は，当時としては高額の1日20ドルであった。また，実験参加者が望めば，この実験は何日間でも続けることができた。さて，このベッドの上に横たわるだけの実験に，参加者たちは何日間参加し続けたのであろうか。

実験開始前の参加者たちは，なるべく長く居続けることによって高額報酬を受け取ろうと意気込んでいたが，実験の結果，ほとんどの参加者は48時間耐えることができなかった。早い者では数時間，最長でも3日以上は耐えられず，実験を中止してしまったのである。また参加者は皆，たとえ報酬が少額でも，刺激の多い実験（仕事）の方がよく，二度とこのような実験には参加したくないと口にしていた。

一見楽そうな実験だが，どうしてこのような結果となったのであろうか。この実験によると，8時間以上経つと人は，課題解決能力の低下が見られ，イライラし，攻撃的になる。さらに70時間を過ぎると幻覚や幻聴を経験したという。つまり，生理的欲求が満たされた状態であったにもかかわらず，刺激が極端に欠如した状況において，正常な状態を維持することすらできなくなり，刺激の享受に対する強い動機づけを持ったということである。

3. 内発的動機づけと外発的動機づけ

読書が好きな人は，一度本を開くと閉じることができず，寝る時間を惜しんで読書を続ける。人は好奇心が強い生き物で，読書に限らず何か面白いと感じることがあると，夢中で取り組むものである。このように何か行動することそれ自体が目的となっており，それ以外には何ら報酬を必要としないような動機づけのことを内発的動機づけと言う。一方，親や教師から本を読むように言われており，読まないと叱られるから読書をする人もいるであろう。もしくは，本を読んで親に褒められたいから読書をするという人もいるかもしれない。このような賞罰，強制，義務といった外部からの働きかけによってもたらされる，行動することが手段であるような動機づけを外発的動機づけと言う。外部からの刺激，働きかけが与えられている間は効果が高いが，与えられなくなるとその行動が見られなくなることも多い。たとえばおこづかいがもらえるからテスト勉強をがんばる子どもは，いい点数を取ってもおこづかいがもらえなくなれば勉強を止めてしまうかもしれないのである。

報酬は，多ければ多いほど外発的動機づけを高めるであろう。しかし内発的動機づけではその

逆で，低減させてしまう，報酬が好奇欲求をなくさせてしまうことをデシ（Deci, 1980）は実験で明らかにした。

　実験に参加した大学生は2グループに分けられ，パズルを解くよう求められた。実験群には正解するたびに1ドルの報酬が与えられたが，統制群には報酬について言及はなく，支払いもされなかった。この実験の後，休憩時間が設けられたが，この時間参加者たちは，パズルを解いたり，雑誌を読んだりと何をして過ごしてもよいとされた。この休憩時間に両グループの参加者がパズルで遊んだ時間を測定したところ，報酬をもらった実験群よりも，報酬をもらわなかった統制群の方が，2倍近く長い時間パズルをしていた。

　この結果は，報酬をもらったことにより，内発的動機づけが低減したことを示している。つまり報酬をもらわなかった統制群の参加者は，パズルが面白いからパズルをしたのである。これは内発的動機づけによりパズルをしていることになる。パズルをすること，それ自体が目的なのである。一方報酬をもらった実験群の参加者は，たとえもともとはパズルを解くことが楽しいと感じていても，報酬の存在を知ることによって，パズルをすることは報酬を得るための手段になってしまい，その結果として内発的動機づけが低くなり，外発的動機づけが高くなったのである。

4.　学習性無力感

　幼い子どもはじつに意欲的に活動する。気になるものがあれば，手を伸ばしたり，背伸びをしたり，台の上に登ったり，飛び跳ねたりと，手を尽くして何とかそれを手に入れようとする。しかし，おとなを見るとどうであろう。意欲ややる気をなくしてしまっている人もいる。彼らはなぜそのような状態になってしまったのであろうか。セリグマンとメイヤー（Seligman & Maier, 1967）は，繰り返しコントロール不可能なストレス状態にさらされ続けると，無力感を学習してしまい，全てのことにやる気がなくなってしまうことを，イヌを使った実験で実証した。

　実験では，逃げられないように固定されたイヌが電気ショックを与えられる。その際，A群は，イヌが頭を動かしてパネルを押すと電気ショックが切れる，すなわち逃避できることを訓練された逃避可能群である。一方B群は，イヌが電気ショックを受けても自力で逃避できないという経験を与えられた，逃避不可能群である。実験で与えられる電気ショックの回数，持続時間などは両群で等しかった。

　次にイヌを，自分の意思で動ける状態にした。そして合図の後，やはり床から電気ショックが流れるが，今度はイヌの肩の高さほどの壁を飛び越えて隣室に移動すると，電気ショックを回避できる状況であった。先の実験の逃避可能群（A群）のイヌは，合図の後すぐに隣室へ逃避することを学習したが，逃避不可能群（B群）のイヌは，電気ショックを回避しようとせず，前回と同じようにいつまでもじっとうずくまり，電気ショックを受け続けた。つまりB群のイヌは電気ショックを回避できないことを学んでしまったのである。

　このように対処不可能な課題が課されると，「何をやってもできない」という無力感が学習され，現在課されている課題に対してばかりでなく，その後，容易に解決できる課題が与えられた

としても解決を試みなくなるこの現象を，セリグマンは学習性無力感と呼んだ。学習性無力感は，イヌだけでなく，人を対象とした研究でも確認されている。

第2節　欲求の種類と段階

1.　マーリの欲求リスト

　心理学者のマーリ（Murray, 1938）は，人の持っている欲求について，大学生の行動をもとに2つに大別し，リストを作成した。そのひとつは人間の臓器と直接関連する生理的欲求（臓器発生的欲求），もうひとつは人間の臓器とは直接関連しない心理的欲求（社会的欲求・心理発生的欲求）である。それぞれ，生理的欲求は3区分11欲求，心理的・社会的欲求は8区分28欲求が挙げられている。

(1) 生理的欲求の種類
　マーリによる生理的欲求のリストは次のようになる。

生理的欲求の種類
欠乏から摂取に導く欲求

①吸気欲求　　　　　　　　酸素を求めたい。
②飲水欲求　　　　　　　　水分を求めたい。
③食物欲求　　　　　　　　食べ物を求めたい。
④感性欲求　　　　　　　　身体的な感覚を求め，楽しみたい。

膨張から排泄に導く欲求

⑤性的欲求　　　　　　　　性的に交わり，快楽を得たい。
⑥授乳欲求　　　　　　　　乳児への授乳をしたい。
⑦呼気欲求　　　　　　　　息を吐き出したい。
⑧排尿排便欲求　　　　　　尿や便の排泄をしたい。

障害から回避に導く欲求

⑨毒性回避欲求　　　　　　有毒な刺激を回避して，逃れたい。
⑩暑熱・寒冷回避欲求　　　適温で過ごしたい。
⑪障害回避欲求　　　　　　痛みやけが，病気，死を避けたい。

　ところで人の体には，体内の生理的バランスを一定に保つような働き，ホメオスタシスが備わっている。しかしこの自動的な働きだけでは，生理的な最適バランスが保てない，回復できな

いとき，もとの最適な状態に戻すための行動が必要となる。そのために生じるのが生理的欲求である。たとえば夏の暑い日，体温が上昇してくると，毛穴を開いて発汗する。気化熱で体温を下げようとしているのである。それでも最適な温度まで下がらないとき，暑熱回避欲求が生じ，服を脱いだり，クーラーをつけたり，水浴びをしたりして体温を最適な温度まで下げるような行動を起こすのである。

（2）心理的欲求（社会的欲求）の種類

　現代の日本社会では，多くの場合生理的欲求は満たされている。それでも私たちの欲求は尽きない。ではこの場合の欲求とはどのようなものなのであろうか。新しい洋服が欲しい，人から認められたい，友だちと遊びたい，これらは全て心理的（社会的）欲求である。マーリは，心理的（社会的）欲求には8区分28欲求あるとした。

心理的・社会的欲求の種類

物質に関する欲求

①獲得欲求	お金や物を手に入れたい。
②保存欲求	物を収集，修理して，損傷から守りたい。
③秩序欲求	物を整理整頓して，きれいにしたい。
④保持欲求	物をいつまでも持ち続けたい，手放したくない。
⑤構成欲求	組織したり，築き上げたりしたい。

野心や向上心・権力に関する欲求

⑥優越欲求	他人より優れていたい，社会的地位を向上させたい。
⑦達成欲求	困難を乗り越えて成功したい。
⑧承認欲求	認められたい，尊敬されたい，自慢したい。
⑨顕示欲求	他人の注意を引きたい，楽しませたり，ショックを与えたい。

自己防衛に関する欲求

⑩不可侵欲求	自尊心が傷つかないようにしたい，批判から逃れたい。
⑪屈辱回避欲求	失敗して笑われたくない，屈辱を避けたい。
⑫防衛欲求	非難や軽視から身を守りたい，自分を正当化したい。
⑬中和欲求	失敗をリベンジしたい，名誉を守りたい。

支配・権力に関する欲求

⑭支配欲求	他人をコントロールしたい，影響を与えたい。
⑮服従欲求	優れた人を賞賛して従いたい，リーダーに協力して，仕えたい。
⑯同化欲求	他人と同一視して感情移入したい，まねをしたり見習いたい。

⑰自律欲求	他人の影響や支配に抵抗したい，独立したい。
⑱対立欲求	他人と違った行動をとりたい，ユニークでありたい。
⑲攻撃欲求	他人を傷つけたい，軽視して，意地悪したい。
⑳屈従欲求	他人に降伏したい，罰を受け入れ償いたい，謝罪したい。

禁止に関する欲求

㉑非難回避欲求	法律に従いたい，処罰や追放を避けたい。

愛情に関する欲求

㉒親和欲求	交友関係を結びたい，集団に加わりたい，仲良くなりたい。
㉓拒否欲求	他人を無視したい，排除したい，差別したい。
㉔養護欲求	困っている人を助けたい，保護したい，同情したい。
㉕救護欲求	援助を得たい，慰められたい，愛されたい，依存したい。

遊戯に関する欲求

㉖遊戯欲求	リラックスして気晴らしをしたい，笑ったり冗談を言いたい。

質疑応答に関する欲求

㉗認知欲求	探索したい，知識を学びたい，好奇心を満足させたい。
㉘証明欲求	情報を提供したい，他人を教育したい。

　マーリは遊戯欲求に関しては，ちゅうちょしつつもリストに加えると述べている。

　また齊藤・荻野（1993, 1994）は，マーリの28の心理的・社会的欲求に基づき，これに多数の欲求を加えて59欲求とし，これらの分類と構造化を試みている。

2. マズローの欲求階層説

　マズロー（Maslow, 1970）は，人間の欲求は階層になっていて，下位の欲求がある程度満たされた状態で一段ずつ上位の欲求階層に上がっていき，最終的に最上段に到達しこれを満たそうとするという欲求階層説（欲求5段階説）を唱えた（図9.1）。欲求階層の最下位層から見ていく。

（1）生理的欲求

　生命維持のための食事・睡眠・排泄等の本能的・根源的な欲求である。最下層の欲求となるわけだが，すなわちこの欲求が安定して満たされないようであれば，満たされるべく取る行動が生活の中心となってくる。食料が底を尽きしばらく補充される見込みがない場合，家の外がたとえ危険であっても，少々の危険は承知で外に食べ物を調達しに行くであろう。

（2）安全と安定の欲求

　安全性・経済的安定性・良い健康状態の維持・良い暮らしの水準，事故防止など，予測可能で秩序立った状態を得ようとする欲求である。ここで言う安全とは，身体的安全のことである。何日も食べるものがなく空腹状態が続いていれば，危険を冒してでも食物を求めるが，ある程度食物があれば，危険は冒さず，身の安全を考えるであろう。

（3）所属と愛の欲求

　生理的欲求と安全と安定の欲求が満たされると，次は家族，友人が欲しい，所属する集団が欲しいと，人との愛情を求めるようになる。ここで初めて人間関係に関する欲求が生じるのである。

（4）承認と尊敬の欲求

　人から好かれたい，所属する集団が欲しいという欲求がある程度満たされると，好かれているだけでは物足りなさを感じ，周りからもっと価値のある人間として認められたい，尊敬されたいという欲求が強くなってくる。経済的に満たされている人や，人間関係に恵まれている人は，地位や名誉が欲しくなってくるのである。

（5）自己実現欲求

　ここまでの4段階の欲求が全て満たされると発現する欲求である。自分の持つ能力や可能性を最大限発揮し，具現化して，自分が成り得るものにならなければならない，成り得るものになりたい，という欲求である。自分自身をより成長させるため，自己を高める勉強や活動に集中する。

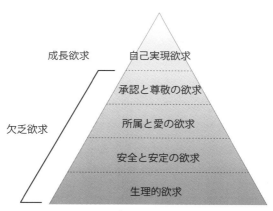

図9.1　マズローの欲求階層説

　マズローは下4層の欲求を，本質的に欠けているが，健康のためには満たされなければならないものとして欠乏欲求と呼び，最上位の自己実現を成長欲求と呼んだ。また自己実現欲求は，自己成長や創造活動と関連した最も人間らしい欲求であるが，この欲求を完全に達成できる人は，ごく限られた人のみである。

第3節　不満と葛藤

1.　欲求不満

　人にはさまざまな欲求があり，この欲求を満たすために行動している。しかし欲求はつねに満たされるとは限らない。何らかの妨害要因によって阻止されている状態を欲求不満（フラストレーション）と言う。欲求不満の状態は不適応状態であり，イライラしたり腹立たしく感じたりといった，不快感情を伴う。欲求不満の状態は不快なので，この状態を何とか変えようと試みる。このとき取る行動のことを適応機制と言う。

　欲求不満への最も直接的な反応は，障害への攻撃行動である。たとえば，教師に叱られた生徒が，逆に教師に向かって暴言を吐くなどの反抗的な態度を見せる，などである。また，妨害要因を直接的に攻撃できない場合には，八つ当たりといった，関係のない対象へ向けての攻撃行動が見られることもある。たとえば，テニスプレーヤーがなかなか思ったとおりにプレーできないとき，ラケットをコートに叩きつけるなどの行動が見られることがあるが，これである。

　適応機制にはこの他に，逃避がある。欲求不満を引き起こす妨害要因から，逃れることである。教員に呼び出されている学生が，家の都合や仮病を使って，呼び出しに応じられないと言い訳し逃れようとするように，逃げるために意図的に嘘をつくことがある。しかしその他に，心因性の身体疾患が生じることもある。たとえば，走ることが苦手で，持久走大会が大嫌いな子どもが，その日の朝に腹痛を起こすことがある。本人は嘘をついているわけではなく，本当に腹痛を起こしているのだが，これは持久走から逃れるための適応機制と言える。

　欲求不満の解消方法は，攻撃と逃避だけではなく，防衛機制と呼ばれるものもある。以下に示す防衛機制を見ると，程度や内容によって，防衛機制は適応的な場合もあれば，不適応的な場合もあることが分かるであろう。

①抑圧：苦痛や不快な感情などを意識の世界から締め出し，意識の世界に上ってこないようにする。
②反動形成：一度に2つの意識は持てないから，ある欲求が行動に表れることを防ぐために，正反対のことをする。
③置き換え：欲求が実現できないとき，それに代わるものを（より楽に達成できる他のものを）獲得することで満足する。
④昇華：置き換えの中で，とくに若者の性的エネルギーが，社会的により高い活動に向けてエネルギー充当されること。勉強，スポーツ，芸術などに集中することに置き換えられる。
⑤退行：現在の自我状態でどうしても問題がうまく解決できなくなり，自我を守り切れなくなったとき，以前の自我状態での解決法により問題を処理し，自分を守ろうとする。
⑥補償：劣等感を持ったとき，その劣等感を克服しようと，心的エネルギーが集中される。体が弱い子が人一倍頑張ってスポーツ選手になったり，逆に勉強で1番になったりする。

⑦同一視：自分の好きな人と同じ言動をすることにより，心身共にその人に成り切り，不安や衝動を解決する。

⑧投射：自分では受け入れたくない自分の中の欠点を，相手の人が持っていることにし，それを非難する。自らの欠点への非難の感情を相手に向ける。

⑨合理化：何とか自分の立場を正当化しようとする傾向。

⑩逃避：都合の悪い事態との直面から逃げ，夢や空想，仕事などに夢中になることにより，葛藤場面との直接対面を避けようとする。

これらの機制が適度に働くことにより，人は日常の精神的健康を維持しているのである。

2. 葛藤

　欲求はひとつとは限らず，同時に複数の動機や欲求が働くことがある。これら同時に生じる欲求を，全て充足できれば問題ないが，多くの場合どれかひとつを選ぶことになり，行動の決定が難しくなる。このように2つ以上の欲求が同時に存在し，その選択において迷い，情緒的緊張が生じている状態を葛藤（コンフリクト）と言う。葛藤は欲求不満の一種であると言える。レヴィン（Lewin, 1935）は，目標に対する誘意性を矢印の方向で示し，その強さが等しい場合に葛藤が生じるとした。積極的誘意性（正の誘意性）は，私たちにとって好ましいもの，あるいはその方へこころを引きつけるもの，人を目標に近づけようとするものである。また，消極的誘意性（負の誘意性）は，好ましくないもの，そこから遠ざかろうとする気持ちを引き起こすものである。この2つの誘意性の組み合わせにより，葛藤を次の3つに分類した（図9.2）。

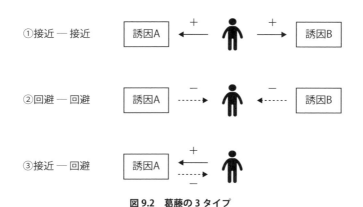

図9.2　葛藤の3タイプ

①接近−接近葛藤：ともに積極的誘意性を持った2つの目標の間に挟まれ，選択に迷う状態のこと。たとえば同じ日の同じ時間帯に，恋人からは観たかった映画に誘われ，仲の良い友だちからは食事会に誘われて，どちらに行こうか悩むような状況である。

②回避−回避葛藤：消極的誘意性を持った2つの目標の間に挟まれ，進退窮まった状態のこと。

たとえば，試験勉強をするのも嫌だが，試験で失敗するのも嫌だという状況である。

③接近−回避葛藤：同一の目標が積極的誘意性と消極的誘意性を同時に持っている状態のこと。たとえばゲームはしたいが睡眠不足は嫌だとか，お菓子は食べたいけれど太るのは嫌だといった状況である。

第4節　感情

1.　感情とは　情動とは

　私たちは日々の生活の中で喜んだり，怒ったり，悲しんだりといった経験をする。所属するスポーツチームが勝利すれば喜ぶし，負ければ悔しさを経験する。ニュースを聞いて怒りを覚えたり，悲しんだりもするであろう。これらを一般的には感情と言っている。感情に関わる用語は多様である。英語圏では"emotion"や"affect"という用語が用いられるが，日本語ではこの"emotion"の動的側面を強調する場合は情動が用いられる。また"affect"は"emotion"の上位概念と見なされることもある。この他，気分（mood），情熱（passion），情操（sentiment）などの用語もある。情動または情緒は，原因が明確であり，笑う，泣くなどの身体的変化を伴う，一過性の比較的強いものである。これに比べ気分は原因が明確ではなく，数時間から数日続く比較的弱いものを指す。情熱は，情動よりさらに激しく強烈なものを指す場合に，情操は学問・芸術・宗教など文化的価値を持つ対象に対する，静的で持続的な感情を指す場合に，それぞれ用いられる。

　相対している人に対する持続的感情，すなわち対人感情は相手の人への感情傾向とも言える。ハイダー（Heider, 1958）によれば，この感情傾向は大まかにはポジティブとネガティブに分類される。ある人ともうひとりの間に好くという関係があるときポジティブな感情傾向が，また嫌うという関係があるときにはネガティブな感情傾向がある。また，対人場面において感じる怒り・悲しみ・喜びなどは対人的情緒と言う。他者への感情傾向と対人的情緒は次のような関係になる。ある人物Aが他の誰かからひどい嫌がらせを受けて落ち込んでいるとする。このとき人物Aに対してポジティブな感情傾向（好き）を持っていれば，悲しみや，怒りといった対人的情緒を感じるであろう。しかし，Aに対してネガティブな感情傾向（嫌い）を持っていれば，喜びを感じるかもしれない。このように，ある人物に同じ出来事が起こったとしても，その人物に対して持っている感情傾向によって，喚起される対人的情緒はまったく異なってくるのである（齊藤, 1990）。

2.　情動の3要素

　私たちが普段経験している，「情動を感じる」とは具体的にどのようなことなのであろうか。心理学では，次のような3要素があると考えられている。

（1）主観的感情体験

　情動が惹起されると，私たちは喜び，怒り，悲しみなどを感じる。このときの感情体験がどのようなものなのかは，じつは感じている本人にしか分からない。たとえば友人が好きな人にフラれたといって泣いている。失恋して「悲しい」という友人のその悲しみを，私たちは本当に分かっているのであろうか。「分かる」と思うとき，完全に同一の感情体験とは言えないが，私たちは過去に自分自身に起こった類似の体験（自分の失恋体験など）から「状況」と「言葉」を手掛かりに想像・推理し，感じているのである。

（2）生理的反応

　情動が惹起されると，興奮して心拍数が上がったり，汗をかいたりといった自律神経系や内分泌系の変化が生じる。感情や情動は視床下部や大脳辺縁系，なかでも扁桃体と密接に関わっている。この領域から分泌される脳内ホルモンが，神経系を通して脳の各所に伝えられることによって，興奮が生じ，感情が生じるとされている。この扁桃体は，快・不快の両情動に関係しているが，とくに恐怖や怒りなどの不快情動にとって重要な領域であることが分かっている。疾病によって扁桃体の機能が失われた人は，見知らぬ人にも警戒心を持たずに接近してしまうし，危険な状況に遭遇しても，恐怖や怒りといった情動を感じることはない（Tranel et al., 2006）。

（3）表出行動

　感情や情動は，表情や身体の動きなどに表れる。これによって主観的な感情体験であっても，他の人がその感情を推察することができるのである。エクマン（Ekman, 1973）は，基本的感情に関しては，表情表出やその判断が，文化を超えて普遍的であると述べている（第11章第4節参照のこと）。そして，それぞれの感情・情緒において，どのような表情になるのか分析している。

①怒り：目は緊張し，上まぶたが下がって見える。下まぶたは上がり，目を細めて見ることもある。眉は下がり，中央に引き寄せられ，口は固く閉じられているか，四角く開けて歯を見せる。
②恐怖：目は見開かれる。下まぶたは緊張し，上は白目が見えることもあるが，下は見えない。眉は上がり中央に引っ張られる。口も緊張し，後ろに引かれ，横にまっすぐになる。
③幸福：頬が上がり，下まぶたが押し上げられる。それによって目尻にしわができる。唇の両端が横に引かれ口が程よく開くので，歯が見える。
④悲しみ：目は伏し目がちで，涙を見せることもある。眉は中央に寄り，眉頭が上がる。口が少し開いている場合には，唇が横に引かれ，下唇が下がり震える。また口が閉じている場合には，口角が引き下げられる。
⑤驚き：目は大きく見開かれ，白目が見える。眉は高く上がり曲線を描く。そして口は開き，顎が下がる。
⑥嫌悪：下まぶたが上がり，眉が下がる。口が開いている場合には上唇が上がり，下唇も上がる。口が閉じている場合には，下唇が上唇を押し上げる。舌が見えることもある。

3. 情動の種類

(1) プルチックの情動の多次元モデル

プルチック（Plutchik, 1962；1980）は，情動を人が環境に適応するための順応機能であると考え，感情進化説を唱えている。つまり，情動は人間だけに存在するのではなく，全ての生物に情動があり，それぞれの生存を保証するためにパターン化され，身体の全体的反応になったと考えているのである。

プルチックは基本的な8つの情動（喜び，信頼，恐れ，驚き，悲しみ，嫌悪，怒り，期待）を一次的情動とし，これらの強度との組み合わせによって，さまざまな混合情動（二次的情動）が作り上げられるとした。また，8つの基本的情動は，喜び－悲しみ，信頼－嫌悪，恐れ－怒り，驚き－期待というように，それぞれ対になっている（図9.3）。

基本的情動	混合情動
歓　喜 － 喜　び － 平穏	喜　び ＋ 信　頼 → 愛
敬　愛 － 信　頼 － 受容	信　頼 ＋ 恐　れ → 服従
恐　怖 － 恐　れ － 不安	恐　れ ＋ 驚　き → 畏怖
驚　嘆 － 驚　き － 放心	驚　き ＋ 悲しみ → 拒絶
悲　嘆 － 悲しみ － 哀愁	悲しみ ＋ 嫌　悪 → 後悔
強い嫌悪 － 嫌　悪 － うんざり	嫌　悪 ＋ 怒　り → 軽蔑
激　怒 － 怒　り － イライラ	怒　り ＋ 期　待 → 攻撃
警　戒 － 期　待 － 関心	期　待 ＋ 喜　び → 楽観
強 ⟵⟶ 弱	

図9.3　8つの基本的情動と混合情動

また，プルチックは，基本的情動を円環状に配置して，各情動の強度や混合情動を表す，逆向きの円すい形のような，情動の多次元モデルを提唱した（図9.4）。

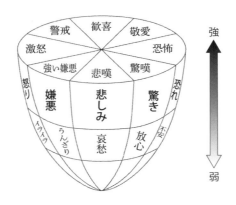

図9.4　情動の多次元モデル

（2）シュロスバーグの情動三次元モデル

　ウッドワース（Woodworth, 1938）は，表情判断が正確になされていることを明らかにするために，あらかじめ判定カテゴリーを作成した。そしてさまざまな情動を表現した「表情写真」を，各情動カテゴリーに分類していくという手法で検討を行った。その結果，愛・驚き・恐れ・怒り・嫌悪・軽蔑の順で一列に並んでおり，隣り合う情動同士は混同されることがあるが，離れているものとの混同は起こらないことを明らかにした。

　ウッドワースの弟子であったシュロスバーグ（Schlosberg, 1952）は，それらの情動は列の両端，すなわち愛と軽蔑がつながる円環状をしており，また一次元上にあるのではなく，「快−不快」と「注意−拒否」の二次元上に配置されるとして，情動の二次元モデルを提案した（図9.5）。その後，賦活水準を表す「緊張−眠り」の次元を加え，情動の三次元モデルとした（Schlosberg, 1954）。

図9.5　情動の二次元モデル

4.　情動生起のメカニズム

（1）ジェームズ＝ランゲ説（情動末梢神経起源説）

　それでは，情動の3要素はどのような順序で生じるのであろうか。たとえば，ひとりで道を歩いていたら，突然前からイノシシが自分目掛けて走ってきたとする。ある人は怖くて逃げ出すかもしれない。また身体がガタガタと震えてしまうかもしれない。この状況を一般的には，「怖くて逃げ出した」とか「怖くて身体が震えた」と説明するのではないであろうか。つまり，恐怖という主観的感情体験が逃避や震えという生理的身体的反応を引き起こしているという考え方である（図9.6）。

図9.6　情動生起の一般的な考え方

これに対しまったく異なる説を唱えた心理学者がいた。ひとりはアメリカの心理学者ジェームズ，もうひとりはデンマークの心理学者ランゲである。彼らの説によれば，イノシシと遭遇したとき，私たちの身体はガタガタと震える。その「身体が震えている」という情報は，知覚神経系を通して，脳に伝えられる（知覚神経系は末梢神経のひとつで，手足などの末端の情報を脳に伝えるもの）。その情報を受け取り脳は，「身体が震えている」ということは「怖い」ことだと認知し，恐怖の情動を感じることになるというものである。この説は，ジェームズとランゲがほぼ同時期に発表した説であることから，2人の名前を付けジェームズ=ランゲ説，または情動末梢神経起源説と呼ばれている（図9.7）。

図 9.7　ジェームズ = ランゲ説の考え方

（2）　キャノン＝バード説（中枢神経起源説）

　ジェームズ=ランゲ説に対し，キャノンとバードは反論し，中枢神経起源説を提唱した。キャノンは，手足の神経経路が遮断された人であっても情動反応が起こること，また異なる情動状態であっても，同一の内臓活動が起こることなどを理由とし，ジェームズ=ランゲ説を批判したのである。キャノンらによれば，刺激はまず感覚受容器から視床下部に伝達され，興奮が起こる。その興奮の情報が，ひとつは大脳皮質に送られ，主観的感情体験が起こる。同時にもうひとつが末梢神経系に伝達され，生理的反応が引き起こされる。つまり，イノシシに遭遇したとき，その情報がまずは視床下部に送られる。そこからひとつは大脳皮質に送られ，怖いと感じる。それと同時に情報が末梢神経系に送られ，身体がガタガタと震えるなどの反応が見られるということである。この説は提唱者の名前からキャノン=バード説とも言う（図9.8）。

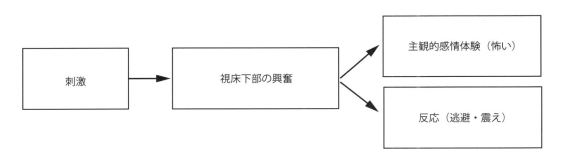

図 9.8　キャノン = バード説の考え方

【引用文献・参考文献】

Bexton, W. H., Heron, W. & Scott, T. H. (1954). Effects of decreased variation in the sensory environment. *Canadian Journal of Psychology, 8*, 70-76.

Deci, E. L. (1980). *The psychology of self-determination*. D. C. Heath & Company.

Ekman, P. (1973). *Darwin and facial expression: A century of research in review*. Academic Press.

Heider, F. (1958). *The psychology of interpersonal relations*. Wiley.

Lewin, K. (1935). *A dynamic theory of personality*. McGraw-Hill. (レヴィン, K. (著) 相良守次・小川隆 (訳) (1957). パーソナリティの力学説. 岩波書店.)

Maslow, A. H. (1970). *Motivation and personality*. Harper & Row. (マズロー, A. H. (著) 小口忠彦 (訳) (1987). 人間性の心理学——モチベーションとパーソナリティ. 産業能率大学出版部.)

Murray, H. A. (1938). *Explorations in personality: A clinical and experimental study of fifty men of college age*. Oxford University Press.

Plutchik, R. (1962). *The emotions: Facts, theories and a new model*. Random House.

Plutchik, R. (1980). A general psychoevolutionary theory of emotion. In R. Plutchik & H. Kellerman (eds.), *Theories of emotion*. Academic Press.

齊藤勇 (1990). 対人感情の心理学. 誠信書房.

齊藤勇・荻野七重 (1993). 多変量解析を用いた心理的欲求の構造分析のための基礎的研究. 立正大学教養部紀要, *27*, 331-342.

齊藤勇・荻野七重 (1994). 性格特性と欲求・行動との関連性の研究. 立正大学教養部紀要, *28*, 318-350.

Schlosberg, H. (1952). The description of facial expressions in terms of two dimensions. *Journal of Experimental Psychology, 44*, 229-237.

Schlosberg, H. (1954). Three dimensions of emotion. *Psychological Review, 61*, 81-88.

Seligman, M. E. & Maier, S. F. (1967). Failure to escape traumatic shock. *Journal of Experimental Psychology, 74*, 1-9.

Tranel, D., Gullickson, G., Koch, M. & Adolphs, R. (2006). Altered experience of emotion following bilateral amygdala damage. *Cognitive Neuropsychiatry, 11*, 219-232.

Woodworth, R. S. (1938). *Experimental Psychology*. Henry Holt.

第10章
社会

第1節　社会の中の自分

1.　自己概念

　自分とはいったいどういう人間なのであろうか。自分のことなのだから，誰よりも自分自身のことは分かっていると思いたいが，それは本当であろうか。自分自身を見つめ直す機会でもない限り，「どういう人間か」とは問うてみたこともないという人もいるかもしれない。友人に指摘されて初めて「そんな一面があるのか」と認識を新たにする人も少なくないであろう。また直接指摘をされなくても，他者と自分とを比べてみることで，自分が見えてくることもある。自分はどういう性格なのか，どんなことに優れているのか，身体的にどのような特徴があるのかといった，自分に関するある程度まとまりのある考えを自己概念と言う。これは，過去の経験や，その経験をどのように意味づけるのか，また周りの人からの自分に対する態度や評価などをもとに形成されると考えられている。人は社会の中で絶えず他者と関わり合いながら生きている。そのため自分という存在に関する事柄であっても，つねに社会や自分を取り巻く人間関係からの影響を多く受けている。

2.　自己意識

　人が自分を意識することを自己意識と言う。自分を意識するといっても意識の仕方はひとつではないが，ミード（Mead, 1934）は自分自身を他者の観点から眺めることと説明している。フェニグスタインら（Fenigstein et al., 1975）はこの自己意識を自分に注意を向けやすい特性のこととし，自己意識には2つあるとした。そのひとつが私的自己意識である。これは自己の感情や態度などの内面についての意識である。もうひとつの自己意識は公的自己意識と呼ばれるもので，容姿や行動といった他者から見られている自分を意識するときの自己意識である。私的自己意識の高い人は，自分の内的状態について敏感で，こころの声と行動との一貫性が高い。また公的自己意識の高い人は，他者の目にどのように映るかを意識する傾向にあるため，他者の評価に敏感で，拒否的な反応を得ないよう，社会的に望ましい行動を取ろうとする。それによってその人の対人行動に大きな影響を与えることになるのである。

3. 自己評価

　人はときに「良い評価を得たい」と思うものである。他者による評価ではなく，自分自身による評価のことを自己評価と呼んでいる。自己評価の高い人は自分に自信があるが，低い人は自信がなく，劣等感が強い。そのため自己評価の高低は対人行動に大きな影響を与えてしまう。自分に自信があれば，他者との関係にも自信が持て，積極的に関わることができるであろう。しかし自己評価が低く自分に自信がなければ，他者とうまくやっていける自信がないため消極的で，他者からの低い評価におびえてしまい，関係はうまくいかない。

　この自己評価とはつねに一定で，変化をする場合でも緩やかになると思う人もいるかもしれない。過去の経験により自己評価が徐々に下がり，気がつけば自己評価の低い人になっていたり，その逆で，成功体験の積み重ねにより自己評価が高い人になっていたりという具合である。しかしじつのところ自己評価は簡単に変化することがある。他者から褒められれば自己評価は上がるし，逆にけなされれば自己評価は下がる。この変化のしやすさ，安定性は人によって異なる。

　自分と他者を比較して，自分を正確に評価しようとすることを社会的比較と言うが，この社会的比較によっても自己評価は影響を受ける。モースとガーゲン（Morse & Gergen, 1970）の行った実験によれば，優秀そうな学生と一緒になった学生は自己評価を下げ，逆にデキの悪そうな学生と一緒になった学生は自己評価を上げた。このように，自己評価は社会的比較によってすぐに変化してしまうのである。さらに，自己評価が不安定である学生の方が，この対人比較により，より大きく自己評価を変えることが分かっている。

　自分に対する評価のうち，「自分は価値のある人間だ」というような肯定的評価の感情を自尊感情と言う。この自尊感情を維持，高揚させるために，物事を自分に都合のいいように解釈することがある。このような自分の気持ちを盛り上げるプロセスを自己高揚と呼ぶ。たとえば，アメリカで行った調査によれば，多くの人が「自分は他人より優れている」「自分は平均以上だ」と捉えていることが分かった。実際にほとんどの人が平均以上であるということは，多く起こることではない。そのため心理学者は，人は一般に自己評価について高く評価しすぎる傾向（平均以上効果，自己高揚バイアスのひとつ）があるとしている。

　人はできれば肯定的な自己評価を維持したいと思う。それにはどのような方法があるのであろうか。その答えとしてテッサー（Tesser, 1984）は自己評価維持（SEM）モデルを提唱した。このモデルによれば，自分にとって心理的に近い他者（たとえば友人）が何かで成功したとすると，この成功によって，自己評価が上がる場合（反映過程：reflection process）と自己評価が下がる場合（比較過程：comparison process）がある。どちらのプロセスが生起するかは，この近い他者の成功が自分にとって重要な事柄なのか，そうでないかによる。あまり重要でない事柄であれば，近い他者の成功は自分にとって心地良いものになるが，もしこの成功が自分にとって重要な事柄であれば，自分との比較により自己評価が下がってしまうのである。

4. 他者と自己

(1) 自己開示

　人は自分についてどの程度正確に分かっているのであろうか。自分のことは自分が一番よく分かっていると思いたいが，実際には自分では見えていないことでも，他者からはよく見えていることがある。ジョセフ・ルフトとハリー・インガムは，対人関係における気づきのグラフィックモデルを提唱した。このモデルは提案者の2人のファーストネームを組み合わせてジョハリの窓と呼ばれている。ジョハリの窓とは「自分」に関する全ての事柄を，自分も相手も知っている「開放の窓」，自分は知らないが相手は知っている「盲点の窓」，自分は知っているが相手は知らない「秘密の窓」，自分も相手もまだ知らない「未知の窓」という4つの窓（領域）に分けたものである（図10.1）。他者に対して自分自身に関するさまざまな情報を，正直に伝達することを自己開示と言うが，この自己開示によって秘密の窓を小さくしたり，フィードバックにより盲点の窓が小さくなったりして，開放の窓を拡大していくことができ，自己理解や人とのコミュニケーションを円滑にしていくことへの助けになると考えられている。

　自己開示の研究はジュラード（Jourard, 1964）によって進められた。ジュラードは，自己開示をすればするほど相手からも自己開示されること，自己開示をした者同士は互いに好意を抱くことなどを明らかにした。また，男性より女性がより自己開示をすること，開示内容によっては開示した者の心身の健康度が向上することなどが分かっている。

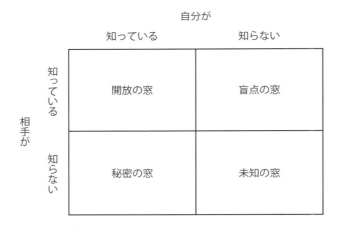

図 10.1　ジョハリの窓

(2) 自己呈示

　自分のことを他者に伝えようとするとき，かならずしもありのままの自分を見せるとは限らない。気になる相手と初めてデートをするときなどは，自分が一番すてきに見える服を着ていくし，髪型もいつも以上に気にして，整えて出掛けるであろう。人は，多かれ少なかれ他者の目を気にし，相手の目に映る自分を操作して，相手に伝えたい自分を印象づけようとする。このことを印象操作と言い，そのための行動を自己呈示と言う。

人がどのような印象操作を目的に，どのような自己呈示を行っているのかについてジョーンズ（Jones, 1964）は，5つの自己呈示の方法と，典型的な行動を挙げている。

①取り入りは，相手から好ましい印象を得ようとする自己呈示で，相手にゴマをすったり，相手の意見に同調したりするような行動である。
②自己宣伝は，自分の能力を示して，相手から自分が有能であるという評価を得ようとするために，自分の成果を誇示する自己呈示である。
③威嚇は，相手に自分の強さを示し恐怖を植えつけるために，相手を脅したり怒ったりする方法である。
④模範は，自分は価値がある立派な人間であると示すため，自分の偉大さを示す自己呈示である。
⑤哀願は，相手に自分の弱さを見せて，かわいそうであるとか不幸だと思われ同情を得るために援助を懇願したり，自己非難したりする方法である。

　いずれの自己呈示も，相手との関係を自分の望む方向へ向かわせるためにとられる方法であると言える。

第2節　他者との関わり

1.　対人認知

　人が他者に関するさまざまな情報を手掛かりにして，その人がどうような人間であるのか，パーソナリティや意図，態度，能力などの特徴や，今後の行動などを推測するこころの働きを対人認知と言う。

(1) 印象形成

　初めて会う人に対して，人は「優しそうな人だ」とか「気難しそうな人だ」「頭の良さそうな人だ」といった印象を持つ。もちろんその人のパーソナリティや実際の知能の高さなどまだ知らないときなので，実際のところは分からない。手掛かりにするのはその人の服装や髪型，表情や身体的特徴，ふとした仕草などとなる。このような限定された情報からでも，ある人物に関する印象を作り上げる。この過程を印象形成と言う。

　人が初めて出会う人の印象をどのように形成していくのか確かめるため，アッシュ（Asch, 1946）は次のような実験を行った。まず，実験参加者たちに架空の人物Aの性格について次のように説明した。

頭の良い‐勤勉な──衝動的な‐批判的な‐頑固な──嫉妬深い

その結果，多くの人は人物Aに対して「いい人」という印象を持った。次に別の実験参加者たちには，同じ形容詞リストの順番を逆にして，「嫉妬深い」から提示した。すると，今度は多くの人が人物Aを「悪い人」と表現した。内容はまったく同じであったにもかかわらず，提示の順番が違うだけで印象が変わってしまうこの現象を，情報の提示順序効果と言う。アッシュはなかでも，実験で見られたような，リストの最初の方の性格の印象が優先され，全体の印象を決めてしまうこの現象を初頭効果と呼んだ。

(2) 原因帰属

　クラスメートが試験で落第点を取ったと言っている。それを聞いて「どうしていい点数が取れなかったのか」「テスト勉強をしなかったのであろうか」「体調が悪かったのであろうか」と，ある結果をもたらした原因を推論することがあるであろう。これを原因帰属と言う。たとえば，人通りの多い駅の構内でしゃがみ込んでいる人を見掛けたとする。気分が悪く助けが必要そうであると判断すれば，声を掛け援助の手を差し伸べるかもしれない。しかし，酔っ払っていて次の電車を待っているだけだろうと判断すれば，声を掛けずに通り過ぎるであろう。このように私たちは，原因帰属を行うことによって，次にどのような行動を取るのか決定している。

　ケリー（Kelly, 1967）によれば，原因帰属を行う際その判断は，その出来事の一貫性（別の状況においても同じことが生じるか），一致性（他の人にも同じことが生じたか），弁別性（他のものには同じことが生じないか）の3つの基準によって判断される。この3基準全てが高い場合には，外的で安定的な原因に，一貫性のみ高い場合には内的で安定的な原因に帰属する。一方，一貫性のみ低い場合には，外的で不安定な原因に，3つ全てが低い場合には，内的で不安定な原因に帰属するとしている。

2. 対人認知の誤り

(1) ハロー効果

　対人認知には，多くの誤りが生じることが分かっている。たとえば，学校の成績がいい生徒のことを，教師は「成績だけでなく性格も良く，生活態度も良い」と評価してしまう。もちろん勉強ができる優等生だからといって，かならずしも性格も生活態度もいいとは限らないし，逆に勉強ができなくてもこころの優しい，性格の良い生徒はたくさんいるが，こうした評価の傾向が起こる。このような認知のゆがみをハロー効果（光背効果，後光効果）と呼ぶ。この効果は，誰もが抱く可能性のある認知のゆがみである。外国語を流暢に話す人が頭がいいとは限らないが，実際には頭がいい人と思う人も少なくないであろう。このように誰にでも起こる可能性があるため，人を判断する際には注意する必要がある。

(2) ピグマリオン効果

　人は他者に対してさまざまな先入観や期待を持っている。そしてこの先入観や期待に沿った結

果が得られるように行動をした結果，期待と結果が一致したものとなる現象をピグマリオン効果と言う。ローゼンタールとヤコブソン（Rosenthal & Jacobson, 1968）は，ある小学校で担任教師と生徒を対象に次のような実験を行った。実験の初めに，生徒はあるテストを受けた。このテストについて担任教師には「子どもの1年後の知能の伸びを予測できるテスト」と偽って知らせた。実際のテスト結果とは無関係にランダムに生徒を数人ずつリストアップし，「テスト結果によると，リストアップされた子どもたちは，将来必ず知能が伸びる」という偽りの情報を与えた。8か月後，再度同一のテストを実施したところ，教師が期待を持った「必ず知能が伸びる」と言われた生徒は，テストの成績で高い向上を示した。これはとくに低学年で顕著であった。これとは逆に，ある人物に対して周囲の人が低い期待，否定的な評価を抱くと，その低い期待が現実となることがある。これはゴーレム効果と呼ばれる。ピグマリオン効果やゴーレム効果はどうして起こるのであろうか。ローゼンタールらの実験では，高期待群へは，教師は褒める機会が多い，ヒントを多く与える，質問を言い換える，回答を待つなどの行動が見られたが，低期待群へは，回答へのフィードバックが少なく，答えを間違うと多く叱責するなどの行動が見られたという。これらの効果は，こちらが意識するか否かにかかわらず生じることを覚えておかなければならない。

3. 態度の変容

(1) 態度とは

　普段私たちは，「あの人は態度が悪い」「堂々たる態度だ」などというように，ある状況に対する感情や意志を表情，身ぶり，話し方などで表したものを態度と言っている。心理学では，「ある対象が目の前に現れると，その対象に対してすでに作った評価を思い出し，同時にその対象に結びついた感情・情緒（たとえば，好き・嫌いなど）を思い出して，その対象に対し特定の行為を行おうとする構えである」と定義される。たとえば，コンビニエンスストアでお茶を買おうとすると，たくさんの種類のお茶が並んでいる。その中で，あるお茶が目に留まる。以前飲んだときに「おいしかった」し，「好きだった」から「このお茶を買おう」とする。これが態度である。

(2) 態度形成と態度変容

　態度とは生まれながらにして持っているものではなく，日々の経験を通じて形成されていく。このように態度が作られることを態度形成と言う。態度は一度形成されると容易には変化しないが，何らかの要因によって変化することもある。この変化を態度変容と言う。これら態度形成や態度変容を説明する理論として，バランス理論や認知的不協和理論がある。

　バランス理論はハイダー（Heider, 1958）によって提唱された理論である。この理論は次のとおりである。自分（P）と相手（O），対象（X）の3者関係について，それぞれの2者間を好意的（＋）と非好意的（－）の記号で表したとき，3つの感情を掛け合わせた結果が（＋）であれば，心理的にバランスの取れた状態となり，人はこの状態を求めている。もし，3者を掛け合わせた

結果が（−）であれば、バランスが悪く心地が悪いので、（＋）の状態にするべく、どこかの関係を変えようとするというのである。自分（P）と相手（O）の関係が好意的（＋）であったとき、自分（P）は対象（X）に対して非好意的（−）な感情を抱いていたとする。ところが、相手（O）は対象（X）に対して好意的（＋）感情を抱いていたならば、自分（P）の対象（X）に対する感情を変え、バランスを取るという具合である。たとえば、自分（P）はイヌ（対象X）のことが怖く、あまり好きではない（−）と思っていたが、新しくできた恋人（O）はイヌ（X）のことが大好き（＋）だという。このとき自分も恋人に合わせて「イヌはかわいくて好き」と変わる、ということが考えられるのである。

認知的不協和理論を提唱したのはフェスティンガー（Festinger, 1957）である。認知的不協和とは、自分が持つ複数の認知の間に不協和がある状態、すなわち自分の考えと行動の間に矛盾が生じている状態のことを言う。人の認知はたいていの場合次の3種類に分類できる。①互いに調和している協和関係、②互いに矛盾している不協和関係、③互いに無関係である。①の協和関係では、心理的に安定していて心地いい状態である。②の不協和関係では、互いに矛盾しているので、心理的に不安定で不快である。そのためこの状態を解消し、協和関係に移ろうとする動機づけが生じる。これにより、意見か行動が変わることになる。③は無関係であるので、併存していても問題がなく、この状態を解消するための変化は見られない。

では②の不協和関係のとき、実際にどのように解消しているのであろうか。解消方法として3つの方法が挙げられている。

ａ．自分の考えに合わせて行動を変える。
ｂ．矛盾していることを受け入れられるような特別の理由づけをする。
ｃ．行動に合わせて自分の考えを変える。

最も選択しやすい方法は、ａの行動を変えることであろう。また、ｂの特別の理由づけも、選択可能な理由があれば十分考えられる選択肢であろう。ここで本来であれば考えにくいのがｃの自分の考えを行動に合わせる方法である。状況により無理やり行動を起こすことはあっても、それに伴い考えまで変えてしまうというのは、考えにくい方法であろう。しかし、フェスティンガーとカールスミスは、ｃの選択肢以外の方法が残されていないとき、人は考えを変えるのだということを実験により明らかにした。

まず、実験参加者に単純で退屈な作業を約1時間やってもらった。その後アルバイトの実験助手が休んだので代わりをやってほしいと依頼をした。アルバイトでは、自分が今実際に行った単純で退屈な作業を、次の実験参加者に「楽しくて、興味深いものである」と説明しなくてはならない。アルバイト代は1つのグループでは20ドル、別のグループでは1ドルであった。このとき、両グループともすでに「楽しくて、興味深い」と説明してしまったので、ａの行動を変える方法は選択できない。アルバイトの後で作業に対する感想を確かめた結果、報酬20ドルのグループでは「作業はつまらなかった」と答えたのに対し、報酬1ドルグループでは「面白かった」と答

えた。つまり，20ドルのグループでは「高額のアルバイト代」というbの特別の理由づけができるので，cを選択する必要はない。しかし1ドルのグループではbも選択できず，cの考えを変えることを選択せざるを得ない。こうして1ドルのグループでは態度を変容し，自分の行動を正当化したのではないかと考えられるのである。

第3節　社会的影響

1. 他者の存在と課題の遂行

(1) 社会的促進と社会的抑制

　同じ作業をしても，ひとりで行うより仲間と一緒の方が早く終えられるという経験はないであろうか。このように単独で課題を遂行する場合に比べ，他者と一緒に行う方が課題遂行の速さや量などが促進される現象を社会的促進と言う。社会的促進には，単に観察者がいるだけで作業遂行が高められる現象（観衆効果）と，一緒に作業をする他者がいることで作業遂行が高められる現象（共行為効果）とがある。しかし，他者の存在によりかならずしも促進されるわけではなく，作業遂行の速さや量などが低下することもある。これを社会的抑制と言う。社会的促進と社会的抑制といった，相反する現象が起こる理由を，ザイアンス（Zajonc, 1965）は，他者の存在が，その人の学習レベルにおいて最も生じやすいような反応を，促進させるためだと説明した。プロのピアニストは観客がいることでパフォーマンスが良くなるが，ピアノを習いたての人が発表会などで人前に立つと，練習で弾いていたときに比べ，間違える箇所は増え，うまく弾けなくなることがあるのはそのためと考えられるであろう。

(2) 社会的手抜き

　集団で共同作業を行うとき，ひとり当たりの生産量が低下し，全体の成果が低下してしまうことがある。この現象を社会的手抜きと言う。たとえば，チームでアイディアを出し合いブレーンストーミングを行うとする。このときのチームが5人のメンバーであれば，ひとりが出せるアイディアの5倍のアイディアが出そうなものである。しかし実際は，単純に人数により加算されるようなものではなく，人数が増えるとひとり当たりのパフォーマンスが低下し，結果として全体の成果が下がってしまうのである。このときそれぞれのメンバーの頭の中には「私ひとりくらい手を抜いても問題はないだろう」というように責任の拡散が生じていると考えられる。

(3) 援助行動

　自分と見ず知らずの人の2人だけでエレベーターに乗っていたとする。すると急にその人が倒れ込んでしまった。このような状況で，私たちはどのような行動を取るであろうか。多くの場合，その人を助けようと声を掛け，必要があれば救急車を呼ぶなどの対応をするのではないであろうか。しかし，どんなときでも援助の手を差し伸べるわけではない。では援助をしない場合，その

人は他者より冷たい人間であるということなのであろうか。この疑問を明らかにするため，援助行動の研究が行われた。

　事の発端は1967年にニューヨーク，クイーンズの上位中産階級の人々が多く住む地域で起こった，女性の殺人事件であった。仕事帰りのキャサリン・ジェノベーゼが午前3時20分頃何者かに襲われた。彼女は大声で悲鳴を上げ，助けを求め続けた。間もなく周辺のマンションの住人たちはその悲鳴に気がつき，部屋の明かりをつけ外の様子を伺ったが，誰ひとりとして外に助けに出る者はおらず，警察への第一報も最初の悲鳴から45分後であった。結果として彼女は命を落としてしまったのである。後の調べでこの事件には目撃者が38人いたことが分かり，マスコミは都会人の冷たさや無関心を批判した。

　このマスコミの見解に対し，ダーリーとラタネ（Darley & Latané, 1968）は反論した。つまり，「38人もいたのに」ではなく，「38人もいたから」結果的に誰も援助しなかったのではないかと考えたのである。そして，この説を証明するため実験を行った。その結果，人は自分以外にも周囲に人が大勢いることが分かると，「誰かが助けるだろう」「誰かが警察に電話するだろう」と誰もが思い，その結果として誰も助けず，誰も通報しないという責任の分散が生じることが分かった。このように傍観者の数が多くなればなるほど，人が援助を控えてしまうことを傍観者効果と言う。

2. 社会的勢力の影響

(1) 服従の心理

　多くの人は「自分は自律的な人間である」と考えているのではないであろうか。しかし，実際は組織の中で上にいる人間の命令や指示，意思には従ってしまう。このことを服従と言うが，人はどのようなときに他者の影響を受け，服従的行動をすることになるのであろうか。

　人は凶器などで脅されれば，自分の意に沿わないことでも他者の要求に従ってしまう。それでは，そのような自分に対する直接的な危険が認められない場合には，服従的行動は取らないものなのであろうか。また，他者の生命に関わるような命令であれば，その意思がないのに命令に従うことはないものなのであろうか。ミルグラム（Milgram, 1974）は，どのような人でも，ある特定の状況下では恐ろしいほど命令に従ってしまうものであることを実験によって示した。ミルグラムが行ったこの実験は，ミルグラム実験またはアイヒマン実験と呼ばれている（図10.2）。

　「記憶に及ぼす罰の効果」の検討という名目で実験参加者が集められた。実験参加者は20歳から50歳のアメリカ人男性であった。未知の2人がひと組になり，ひとりが先生役，もうひとりが

図10.2　ミルグラムのアイヒマン実験

生徒役になった。実際には参加者は先生役にしか割り当てられず，生徒役は常にサクラであった。生徒役（サクラ）は，実験室で電極を手に着けられ，椅子に縛りつけられた。先生役（実験参加者）はその様子を見た後，隣室に行った。

　先生役は隣の部屋にいる生徒役に対して問題を出し，生徒役が間違えると，送電盤のボタンを押し，電気ショックを与えるよう実験者から指示されていた。生徒が答えない場合も間違いと見なされた。15ボルトから始まるが，生徒が間違えるたびに電気ショックの強度を1目盛り（15ボルト）ずつ上げるように言われていた。実験が進んでいくと，生徒役が何度か間違え，電圧は上がっていった。100ボルトを超えた電気ショックを与えたとき，生徒役が「やめてくれ」と叫び，先生役が実験中止を実験者に申し出るが，実験者からは「これは実験なので続けてください」と言われた。そう指示された先生役が実験を続行すると，生徒役はさらに苦しみや痛みを訴え，壁をドンドンと叩いた。実験者はそれでも続けるようにと指示を繰り返す。このとき先生役の参加者は，最大でどの強度まで電気ショックを上げたのであろうか。もちろん先生役は実験者から凶器で脅されていたわけではない。

　実験に先立ち精神科医が，参加者の行動を予測した。精神科医の予測は，多くの参加者は150ボルト以上はいかないであろうし，最大ショックまでいくのは1,000人に1人程度であろうというものであった。果たして結果はどうだったであろうか。実際には，66％の人が最大ショックを生徒役に与えていたのであった。「学習」が始まる前に先生役は45ボルトの電気ショックを体験している。それでもなお，権威者である実験者が目の前で続けるように言っただけで，命令に服従したということになる。

（2）社会的勢力

　ミルグラム実験では，生徒役のサクラの叫び声を聞き，苦痛を与えることに抵抗を感じながらも，多くの先生役の参加者は実験者に服従をしてしまった。では人は，どのようなときに人の影響を受け，服従的行動を取ることになるのであろうか。フレンチとレイヴン（French & Raven, 1959）は，相手が社会的勢力を持っていると認知したときであるとし，相手の社会的勢力の認知に影響を与える5つの社会的勢力の基盤を挙げている。

①強制的勢力：職場で上司の命令に従わないと昇給がなくなる，または降格されるなどの恐怖感や不安から，上司の言うことに従うときの心理である。その場では上司の命令に従うが，こころの中ではこのような上司に対し，反発や嫌悪感を持つようになる。
②報酬的勢力：上司の言うことに従うと，昇給が期待でき，いい仕事にも恵まれ，褒められるので上司に従うなどのときの心理である。報酬が得られないことが分かると，従わなくなる可能性がある。
③正当的勢力：相手が自分に対して指示する正当性があると思えるとき従う心理である。工事現場で制服を着た人に指示されると，たいていの人はその指示に従ってしまうであろう。
④専門的勢力：相手がその分野について豊富な知識や技量を持っており，専門家であると思い，

その人の指示に素直に従うときの心理である。街中でいきなり見知らぬ人に「口を開けてください」と言われても開ける人はまずいないであろう。しかし病院で同じことを医師に言われると，逆に開けない人はいないのではないであろうか。

⑤準拠的勢力：尊敬している人から指示を受けると，素直に喜んで従いたいと思う，そのときの心理である。脅しや恐怖のない，最も良い人間関係状態での勢力関係である。

レイヴンはこれに以下のひとつを加え，最終的に6類型とした。

⑥情報的勢力：影響の送り手が持つ専門知識ではない一時的な情報において，相手の人がその情報を持ち，自分がそれを知りたいと望むとき，その場では相手の指示に従おうとする心理である。

【参考文献】

Asch, S. E. (1946). Forming impressions of personality. *The Journal of Abnormal and Social Psychology, 41*, 258-290.

Darley, J. M. & Latané, B. (1968). Bystander intervention in emergencies: Diffusion of responsibility. *Journal of Personality and Social Psychology, 8*, 377-383.

Fenigstein, A., Scheier, M. F. & Buss, A. H. (1975). Public and private self-consciousness: Assessment and theory. *Journal of Consulting and Clinical Psychology, 43*, 522-527.

Festinger, L. (1957). *A theory of cognitive dissonance*. Row, Peterson.（フェスティンガー，L.（著）末永俊郎（監訳）(1965). 認知的不協和の理論——社会心理学序説．誠信書房．)

French, J. R. P., Jr. & Raven, B. H. (1959). The bases of social power. In D. Cartwright (ed.), *Studies in social power*. University of Michigan Press.

Heider, F. (1958). *The psychology of interpersonal relations*. John Wiley & Sons.

Jones, E. E. (1964). *Ingratiation: A social psychological analysis*. Appleton-Century-Crofts.

Jourard, S. M. (1964). *The transparent self*. D. Van Nostrand Company, Inc.

Kelly, H. H. (1967). Attribution theory in social psychology. In D. Levine (ed.), *Nebraska symposium on motivation, Vol.15*. University of Nebraska Press.

Mead, G. H. (1934). *Mind, self, and society*. University of Chicago Press.

Milgram, S. (1974). *Obedience to authority*. Harper & Row.（ミルグラム，S.（著）岸田秀（訳）(1995). 服従の心理——アイヒマン実験．河出書房新社．)

Morse, S. J. & Gergen, K. J. (1970). Social comparison, self-consistency, and the concept of self. *Journal of Personality and Social Psychology, 16*, 148-156.

Rosenthal, R. & Jacobson, L. (1968). *Pygmalion in the Classroom: Teacher expectation and pupils' intellectual development*. Crown House Publishing.

Tesser, A. (1984). Self-evaluation maintenance processes: Implications for relationships and for development. In J. C. Masters & K. Yarkin-Levin (eds.), *Boundary areas in social and developmental psychology*. Academic Press.

Zajonc, R. B. (1965). Social facilitation. *Science, 149*, 269-274.

第11章
人間関係

第1節　人間関係

　人間は社会的な生き物である。生まれてから死ぬまでの間，他者と関わり合いながら生きている。ときにはその関わりを煩わしく感じ，避けて通りたいと思うこともあるであろう。しかしその一方で，人と一緒にいることで不安な気持ちが和らぐこともある。人間関係の心理の中で好意的関係の形成は，人が関心を強く持つテーマのひとつであろう。できれば周りの人から好かれたい，好意的人間関係を持ちたいと誰もが思うはずである。ではこの好意とはどのようにして生じるのであろうか。心理学では相手に好意を持ち，親密な関係が形成され，発展していくための条件やそのプロセスについて対人魅力として研究されている。

1.　対人魅力

（1）生理的興奮の帰属の誤り

　出会って目が合った瞬間恋に落ち，心臓がドキドキしてしまうというような経験をしたことはないであろうか。一目ぼれである。このドキドキは生理的興奮状態のひとつであるが，この興奮が恋愛関係を作り上げる役割を果たしているのではないかと考え，行われた実験がある。

　ダットンとアロン（Dutton & Aron, 1974）は，カナダ西海岸のバンクーバーにあるキャピラノ渓谷に架かる吊り橋で，以下のような実験を行った。吊り橋の中央で，女子学生がアンケート調査を行うべく待っていた。実験参加者は18歳から35歳までの独身男性で，参加者にはひとりで渡ってもらう。そして中央まで来た男性に女子学生が話しかけ，調査への回答を求めた。回答後，女子学生は「研究や結果について関心があるのなら，後日電話をください」と言って，電話番号を教えた。比較のために，同様の実験を揺れない木の固定した橋でも行った。その結果，吊り橋の参加者男性の約50％から電話があったが，固定した橋では10％程度であった。両橋とも同じ女性であったことから，揺れる橋を渡っているときには，不安によって生理的な喚起が生じており，その状態で女性に会ったため，心臓のドキドキは「魅力的な女性に会ったために起きた」と誤って解釈してしまったのではないかと考えられるのである。

(2) 近接性

　近頃はSNSの利用により，遠く離れた地に住んでいる人とでも知り合う機会が増えた。言葉の問題がなければ，海外の人とでも知り合い，友だちになることもできる。しかしSNSを利用しなければ，地理的に近い人同士が出会うことが多い。学生であれば，学校やサークル，アルバイト先で知り合い，友だちとなる。社会人であれば，職場や趣味の集まりが出会いの場となりやすい。フェスティンガーら（Festinger et al., 1950）は，大学の学生寮の新入生を対象に，空間的距離と友人関係について調査した。その結果，寮の部屋が近ければ近いほど友だちになりやすいことが分かった。

　特定の対象に繰り返し接触すると，人はその対象に対して好意的になることを単純接触効果と言う。ザイアンス（Zajonc, 1968）は，これがただ単に何度も写真を見るだけでも生じる効果で，相手に対する好意度は，接触回数が多ければ多いほど高くなることを実証した。

(3) 好意の返報性

　人は自分に対して好意を持ち，示してくれる人に好意を持つ。好意を示せば好意が返されるのである。このことを好意の返報性と言う。反対に，自分が嫌悪を示せば，示した相手からも嫌われる。また，人は一貫して好意を示されるよりも，それまで否定的な評価だったものが途中から好意的に変化したときに，より好意を持ちやすいことが明らかになっている。

(4) 外見の魅力

　美しい外見の人に対して，人は魅力を感じる。その経験があるからこそ，最近では女性のみならず，男性もエステに通う人が多くいる。男性の間では部分的にメイクをする人も増えてきている。ではそもそもなぜ，人は美しい外見に魅力を感じるのであろうか。もちろん美しい外見はそれ自体で見る人を心地良くさせ，魅力的に映る。加えて，外見の美しい人は内面まで美しいと思われるため，よりいっそう魅力的に感じられるのである。ウォルスターら（Walster, et al., 1966）は，外見的魅力によって好意が決められることを，新入生のダンスパーティ実験により示した。表向きはコンピューターによって，ベストなデート相手が決められるとのことであったが，実際は事前に調査した個人情報は無視して，ランダムに相手が決められた。また，前もって実験者が，ひとりひとりの身体的魅力を確認しておいた。パーティの途中で，紹介された相手にどれくらい好意を感じるか尋ねたところ，事前に調査した個人情報とは関係なく，外見的魅力が高い人を好意的に評価していた。これは男女問わず，自身の身体的魅力の高低にかかわらず見られた傾向であった。

　それでは魅力的な容姿とは具体的にどのような特徴があるのであろうか。カニンガム（Cunningham, 1986）によれば，男女とも，大きな目，小ぶりの鼻といったような幼さと，細い頬などのおとなっぽさを示す特徴が魅力的な容姿である。またシン（Singh, 1993）は，男性から見た女性のスタイルにおける黄金比率を7：10とした。シンはまず，12枚の絵を用意した。これらの絵は同じ髪型，顔，ポーズの165cmの女性が線で描かれているものである。異なる点は，細め，

標準的，太めというサイズと，ウエスト対ヒップ率（WHR）であった。これら12枚をアメリカの男子大学生に見せ，女性の魅力，健康，若さ，セクシーさ，生殖能力の観点から順位をつけてもらった。その結果，参加者が最も魅力的だと答えた絵は，標準的な体型のWHR7：10であり，次に魅力的な絵は細めの7：10であった。この結果から調査が行われたアメリカでは男性は，太めでない，ウエストの細い女性を魅力的だと感じることが分かった。さらに最も健康的，セクシーで，生殖能力が高そうだと判断されたのも，標準的な体型のWHR7：10の女性であった。その後，女性の後ろ姿の写真を用いて，カメルーン（アフリカ人），インドネシア（アジア人），サモア（ポリネシア人），ニュージーランド（白人）で行った研究では，各地域でWHR8：10よりWHR7：10，すなわち低WHRをより魅力的だと評価する傾向が確認されている（Singh et al., 2010）。

2. 親和行動

　人が他の人と一緒になりたい，他の人と一緒にいたいという欲求を親和欲求と言い，その行動を親和行動と言う。この親和欲求の強い人は，友だちと会う，電話をする，メールをするなどの行動回数が多いと言われている。

　ではどのような状況下において親和行動が強く見られるのであろうか。シャクター（Schachter, 1959）は，不安が高くなると親和欲求が強くなると考え，次のような実験を行った。実験参加者は女子大学生であった。実験室に入るとそこには電気ショック装置が置かれていた。そして実験者であるジルスタイン博士から，「これから電気ショックの心理学的効果を調べる実験に参加してもらいます」と告げられた。その後実験者は，高不安条件群には「電気ショックは非常に不愉快でかなり痛いかもしれません。後々まで残るようなダメージはないはずですが……」と続けた。一方，低不安条件群には「電気ショックは非常に弱く，苦痛ではないはずです。不快というよりくすぐったい感じのはずです」と説明した。両群ともその説明の後，10分ほど別室で待つよう依頼された。10分間の待機時間中は，個室でひとりで待つことも，大部屋で他学生と一緒に待つこともできた。実際の選択肢は，個室でひとり，大部屋で他学生と一緒に，どちらでもよいの3つであった。この実験の結果，強い電気ショックと聞いた高不安条件群では，大部屋で他学生と一緒に待つことを希望する参加者が多かったのに対し，低不安条件群では，どちらでもよいと答える参加者が多かった。この実験から，不安が親和欲求を高めることが示されたわけだが，それはなぜなのであろうか。考えられるひとつ目の理由は，他者と一緒に待つことで，気を紛らわし，予告による不安を間接的に低減しようとしたというものである。2つ目は，高不安条件群の参加者は，漠然とした強い情動を経験したために，自分の感じている情動は何なのか，適切な反応なのかを，他者と比較することで評価しようとして，他の人と一緒に待つことを希望したという，フェスティンガーの社会的比較過程理論で説明できる現象である。さらなる実験を行った結果，単なる「他者」よりも，自分と類似した立場に置かれている人と一緒のときに強い親和傾向を示すことが分かった。つまり，社会的比較過程理論による説明が支持されたのである。

第2節　恋愛

1.　恋愛と好意

　映画やテレビドラマで，恋愛ドラマは人気のジャンルのひとつである。近年日本では韓国ドラマが流行っているが，ここでも一番人気のジャンルは恋愛ドラマのようである。ここから日本人の恋愛への関心の高さが窺える。ところが現実に目を向けると，異性との交際はかならずしも活発ではないようである。国立社会保障・人口問題研究所が実施した2021年の調査によると，18歳から34歳の未婚者のうち，「婚約者や恋人がいる人」は男性で約20％，女性で約30％であったのに対し，「交際している異性はいない」と回答した人は男性で約70％，女性で約65％であった。さらに「交際している異性はいない」と回答した人のうち，男女とも3人に1人は「とくに異性との交際を望んでいない」という結果であった。恋愛への関心は高いものの，いざ自分自身のこととなると現実的には考えられないのであろうか。

　そもそも人を愛するとはどういうことなのであろうか。日本人は恋愛感情を抱いた相手に対し「愛している」という表現より「好き」という表現を使うことが多いであろう。それではこの「愛している」と「好き」は，質的に異なるものなのであろうか。また，英語では「Love」と「Like」という言葉があるが，日本人が恋愛感情を抱く相手に対して使う「好き」と，英語の「Like」は同じものなのであろうか。

　「愛」や「恋愛」に関する心理学的な研究の先駆けとして，ルービン（Rubin, 1970）の研究が挙げられる。ルービンは「恋愛」と「好意」は異なるものであると考え，それら2つを区別するための恋愛尺度と好意尺度を作成した。そしてこの尺度をもとに研究を進め，恋人に対しては「恋愛」と「好意」の両方が高いこと，友だちに対しては「好意」のみが高く恋愛は低いことを明らかにした。

2.　愛に関する理論

(1) スターンバーグの愛の三角理論

　愛の三角理論とは，スターンバーグ（Sternberg, 1986）によって提唱された理論である。スターンバーグは，愛とは，「親密性」，「情熱」，「コミットメント」の3つの要素から構成されているとした。「親密性」とは，感情的な結びつきの強さのことで，人間同士の触れ合いのような感覚である。「情熱」とは，性的な欲求を含む興奮の強さ，または魅惑的な感覚のことである。「コミットメント」とは，関係の深さ，結合の強さ，一途で裏切らない，責任感を持つというような感覚である。実際にはこれら各要素の強弱から，次のような8つの愛情のタイプがあるという（図11.1）。

①完全なる愛タイプ：3つの要素が全て強い。

②好意タイプ：親密性は強いが，後の2つは弱い。

③のぼせあがりタイプ：情熱は強いが，後の2つは弱い。

④空虚な愛タイプ：コミットメントは強いが，後の2つは弱い。

⑤情愛タイプ：親密性と情熱は強いが，コミットメントは弱い。

⑥友愛タイプ：親密性とコミットメントは強いが，情熱は弱い。

⑦束の間の愛タイプ：情熱とコミットメントは強いが，親密性は弱い。

⑧非愛タイプ：3つの要素が全て弱い。

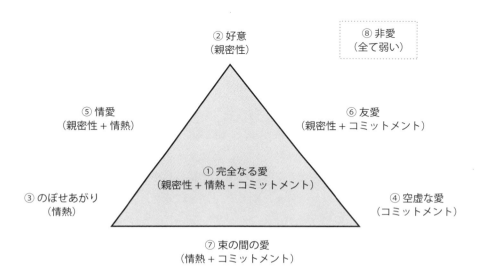

図 11.1 スターンバーグの愛の三角理論（金政，2006 を一部改変）

（2）リーの恋愛類型

　愛の分類の研究はスターンバーグだけではない。リー（Lee, 1973）は，愛の構成要素には「情愛」，「遊愛」，「友愛」の3つがあるとし，これらの組み合わせによる愛の6類型を提案した。齊藤（2015）はリーをもとに，6類型をそれぞれ次のように説明している（図11.2）。

①情熱タイプ（エロスの愛）：互いに夢中で，互いしか見えていないような激しい恋愛。

②遊愛タイプ（ルダスの愛）：ゲームのような，楽しみ第一の恋愛。

③友愛タイプ（ストルゲの愛）：深い友情で結ばれている親友のような恋愛。

④狂愛タイプ（マニアの愛）：相手のことを考えると，夜も眠れないような恋愛。

⑤利愛タイプ（プラグマの愛）：自分の将来にとって有利になるような恋愛。

⑥神愛タイプ（アガペの愛）：この愛，この相手のためならどんな犠牲もいとわない，と思える恋愛。

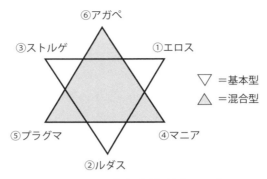

図 11.2　リーの恋愛 6 類型（齊藤，2015）

3.　失恋の心理

　恋愛は，うまくいっているときには幸せな時間をもたらしてくれるが，かならずしもその状態がずっと続くわけではない。付き合った後に別れがくることは，しばしばある。失恋とは「恋する気持ちが相手にかなえられないこと。恋に破れること」と広辞苑では定義されており，付き合った後にくる別れは，失恋のひとつの形ということになる。また，相手に恋愛感情を抱いても，その想いが相手に届かないという失恋もある。このタイプの失恋を片思いと言い，付き合った後の別れを離愛と言う。離愛はさらに自分から別れを告げる離愛と，相手から別れを告げられる離愛に分けられる（加藤，2006）。

　離愛と言っても，どちらから別れを告げるのかによって，その後の行動は異なってくるようである。加藤はこれまでの研究から，自分から別れを告げる離愛では，強い自責の念・罪悪感にさいなまれるが，誰にもそのことを相談できず，自分で対処しようとする傾向が見られると述べている。その他，次の恋に進むべく，新しい恋人を見つけようとする傾向も見られるようである。一方，相手から別れを告げられる離愛では，ショックを感じ，狼狽し，情動的に落ち込む，性行為に関心がなくなるなどの傾向が見られる。その他，相手と何とかしてよりを戻したいと強く願うだけでなく，その相手に対して怒り感情や敵意も感じるようである。

　それでは失恋には性差はあるのであろうか。これまでの研究から，失恋によるショックや未練には性差がないことが分かっているが，失恋後に取る行動には性差が確認されている。たとえば，男性では酒や薬物に溺れる傾向が見られるし，新しい恋人を積極的に探す行動も取られる。一方，女性ではデートした思い出の場所を避ける，家族や友人に話すなどの行動が見られるようである。

第3節　個人と集団

1.　集団

　2人以上の人々によって形成される集合体のうち，一時的な人の集まりではなく，メンバーが

安定した関係を一定期間維持し，メンバー間に相互依存的な関わりがあるような人の集まりを集団と言う。大学のゼミやアルバイト仲間などがそれに当たる。次に挙げる6つの特性を有するとき，集団と見なされる。

①その人々の間で，持続的に相互作用が行われる。
②規範の形成が見られる。
③成員に共通の目標と，その目標達成のための協力関係が存在する。
④地位や役割の分化とともに全体が統合されている。
⑤外部との境界が意識される。
⑥「われわれ感情」や集団への愛着が存在する。

　ただし，これら全ての特性を完全に備えている必要はなく，それぞれの特性を保有する程度は，集団によって異なってくる。
　複数の人々が集まってできた集団にメンバーが魅力を感じ，引きつけられると，集団としてひとつになろうとする。このまとまりの良さは集団の凝集性と呼ばれる。そして，できるだけ同一性を持とうとし，他のメンバーがまとまらない，逸脱しようとすることを嫌う。これを集団斉一性と言う。集団が魅力的であればあるほど，集団の凝集性は高くなる。そして凝集性の高い集団では，メンバーの考えや行動に類似性を持たせようとする集団圧力が見られるようになる。集団を形成する過程で，暗黙のうちに了解されている「すべきこと」「してはならないこと」，すなわち暗黙のルールができることがある。このような集団内でメンバー同士が共有しているルールのことを集団規範と言うが，集団規範は，集団内のメンバーが互いの行動を参照し合うことによって，ひとつの方向にまとまっていくことで形成される。一度規範が出来上がると，この集団を構成する個人は，規範に従って行動するようになる。
　集団の持つ力が強ければ，個人の自由や権利は弱くなる。逆に個人の自由や権利が強ければ，その集団の力は弱くなるというように，個人と集団とは相互に影響を与え合いながら，集団は個人の行動に大きな影響を与えている。このような集団の力を明らかにしようとするのが，レヴィンにより研究が進められた集団力学（グループ・ダイナミックス）である。

2.　同調行動

　人は自分の考えに基づいて行動していると思いたいが，かならずしもそうではない。グループの中でリーダー的存在の誰かが強く自分の意見を主張していると，その意見に押され，自分の考えとは異なる意見でも賛成することがある。これは，集団圧力による同調行動と呼ばれている。同調行動には，表面的に集団に意見を合わせているだけの外面的同調と，内面の意見も集団の意見に沿って変える私的受容を伴う同調行動がある。
　同調行動が生じるには，次の4つの欲求のうちどれかひとつ，あるいは幾つかが働いていると

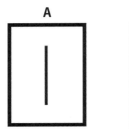
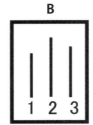

図11.3　アッシュの同調実験で使用されたカード

考えられる。それらは，①他のメンバーと一致して集団の目標を達成したいという欲求，②他のメンバーから好かれたいという欲求，③現在進行している人間関係をそのまま維持したいという欲求，④間違った答えはしたくないという欲求，である。

アッシュ（Asch, 1951）は，人が自分自身の考えを明確に持っているにもかかわらず，周囲の意見に同調することがあることを実験によって示した（図11.3）。

　実験参加者集団は8人ひと組の男子大学生（うちサクラが7人）であった。図11.3のような2枚のカードが提示され，Aの棒と同じ長さの棒をBから選んで番号で答えるよう指示される。ひとりずつ順に答えるが，唯一の実際の参加者は7番目に位置している。

　さて，図Aの棒と同じ長さはBの何番になるであろうか。正解は2である。この問題に間違える人はいないと思うかもしれない。しかし，もし自分の前に座る人の答えが全て1だとしたらどうであろうか。それでも2だと答えられるであろうか。実験では18回実施された課題のうち12回が，このように実験協力者であるサクラが間違った答えを言う圧力試行であった。

　実験の結果，50人中15人，約3分の1の参加者が，サクラの誤った回答と同じ誤りか，長さにおいて同一方向の誤りをしていた。つまり，全員一致により，意見の同調が見られたのである。まったく答えを間違えなかった人は50人中13人，約4分の1いたが，残りの4分の3の人は，多かれ少なかれ集団の圧力に合わせ同調行動を行ったことになる。

　以上のような基本実験の他にアッシュは，条件を変えて幾つかの実験を行っている。バリエーション1では，実験参加者が2人（4番と8番）であった。このとき総反応の10.4%に同調行動が見られた。バリエーション2では，8人の集団内につねに正しい回答をする「味方」がひとり存在した。このとき同調行動は5.5%であった。つまり「味方」がひとりでもいれば同調は急激に低下するということになる。また他のバリエーションでは，サクラの人数を0人から12人で変化させ，サクラの全員一致の誤りが参加者の判断に及ぼす効果を検討した。その結果，サクラが3人もしくは4人のときに効果が最大になることが分かった。サクラの人数が多ければ多いほど同調行動が起こるわけではなく，4人から5人のグループで自分以外の全員の意見が一致しているとき，最も同調行動が多くなるということになる（表11.1）。

表11.1　サクラの全員一致の誤りが実験参加者の判断に及ぼす効果 （磯崎，1987）

サクラの人数	0	1	2	3	4	8	12
参加者数	37	10	15	10	10	50	12
誤判断の平均数	0.08	0.33	1.53	4.0	4.20	3.84	3.75
誤判断の範囲	0～2	0～1	0～5	1～12	0～11	0～11	0～10

3. 少数者の影響

集団規範の中にはもちろん納得のいくものもあるが，理不尽で従いたくないと思うものもある。他者と協力するために集団規範に従ったり，同調したりすることが重要になってくることもあるであろう。しかし，本来の自分の意見と異なる集団規範に従わざるを得なかったり，他者に同調したりすることを続けていると，ストレスを感じるようになってしまう。また，かならずしも集団規範が正しく，集団にとって有益な結果をもたらしてくれるとも限らない。集団にとっては規範を変えることや，同調行動をしないことが必要なこともあるのである。

では同調しないメンバーに対して，集団はどのような反応を見せるのであろうか。集団に非同調者がいると，他のメンバーは斉一性を保とう，規範に合致させようと働きかけをする。とくに非同調者が新メンバーや地位の低い者であれば圧力は強まる。最後まで働きかけに応じないと，メンバーは働きかけをやめ，心理的に集団メンバーから外すようになってくる。これでは変革は起こらない。それでは規範に従わなかったり，多数者への同調を低減させたりといった変革をもたらすには，どのような要因が必要なのであろうか。それは，話し合いなどで一貫してひとつの意見を主張し続けることである。するとそれが少数派，またはひとりであっても，多数派に影響を与えられると考えられている。また，その少数の非同調者が，他のメンバーと人種や性別などが一致しており，主張内容が論理的であるとき，とくに状況が不安定で見通しが立たないとき，社会的リアリティの拠り所がなかったり揺れ動いていたりするときなどは，少数者の影響が大きくなるという。

第4節　言語・非言語コミュニケーション

朝からの自分の行動を思い出したとき，コミュニケーションをまったく取っていないという人はいるであろうか。朝，近所の人と会ったとき，または学校で友だちや先生と会ったときには「おはようございます」とあいさつをしたであろう。コンビニエンスストアのレジで「レジ袋は必要ですか」と聞かれ，「はい」または「結構です」とひと言だけ答える。これもコミュニケーションである。親しくない人と会話をすることが苦手で，言葉ではなく頭を下げて相手に合図を送っただけという人も，非言語コミュニケーションを取ったことになる。まだ今日は誰とも会っていないという人も，個人内コミュニケーションといって，自分ひとりの頭の中で行われているコミュニケーションを取っているのである。たとえば「今日はどっちの服を着ていこうかな」とか，「そろそろ美容院に行きたいな。今日予約してみようかな」などの，個人の頭の中での考えのやり取りがこれに当たる。いずれにしても人は，つねにコミュニケーションを取っているのである。

デート中の相手から，つまらなそうな顔や態度で「楽しいね」と言われたらどう思うであろうか。「よかった。デートを楽しんでくれている」と思うであろうか。それとも「つまらないんだな」とがっかりするであろうか。この場合，人は後者の「つまらない」と受け取るはずである。

感情や気持ちを伝えるコミュニケーションにおいて，どのような情報に基づいて印象が決定されるのか，メラビアン（Mehrabian, 1972）は次のような割合を示した。

表情55％，音声37％，会話内容7％

　つまり，どんなに口で「楽しい」と言っても非言語でつまらなそうにしていれば，相手は「つまらない」と受け取ってしまうのである。

1.　言語コミュニケーション

　相手が自分に好意を持っているかどうかを判断する際には，会話内容，すなわち言葉を用いたコミュニケーション（言語コミュニケーション，またはバーバルコミュニケーションと言う）は7％しか影響しないという。しかしコミュニケーションの原型は言葉によるコミュニケーションであり，人間特有のコミュニケーション手段であるとも言える。全ての言語に共通するものとして，次の6つの特徴が挙げられる。

①伝達性：言語の主要目的は伝えることである。
②生産性：文章はその場で作り出すことができる。
③時間的・空間的広がり：言語では，現在・過去・未来の事柄について語ることができる。
④即時性：話し言葉はすぐに消える。一方で，書き言葉は保存することができる。
⑤恣意性：言語と指示対象との間に必然的な関係はない。
⑥学習性：言語は文化的に学習され，継承される。

　ものを書くときに使う台を，日本語では「机」と言い，英語では"desk"と言う。フランス語では"bureau"と言い，ドイツ語では"Tisch"，イタリア語では"banco"と言う。このように5つの異なった単語が同じ物を指し得る。つまり，この物を指す場合に「つ　く　え」という3つの音が，この順番で並ばなければならない理由はない。これが恣意性である。

2.　非言語コミュニケーション

(1) 非言語コミュニケーションの分類

　言語コミュニケーション以外の伝達方法に，非言語コミュニケーション（ノンバーバルコミュニケーション）がある。表情，姿勢，アイコンタクトなどがこれに当たる。会話内容（言語）は同じでも，それをどのように伝えるかといった表現方法が異なれば，相手に伝わるメッセージは異なってくる。「おはようございます」とあいさつをするとき，ニコリと笑顔を向けるだけで温かい気持ちになるであろう。このように，言葉だけに頼るよりも，豊かな会話を実現することが

できるのである。

　ナップ（Knapp, 1972）は非言語コミュニケーションを次の7つに分類した。

①動作行動：ジェスチャー，顔の表情，目の動き，身体や手足の動きなど。
②身体特徴：体格，身長，体重，皮膚の色など。
③接触行動：握手，ハグ，頭をなでる，肩をたたくなど。
④パラ言語：声の大きさやピッチ，トーン，抑揚など，言葉ではなくその周辺部分。ため息，あ
　くび，笑い，言いよどみ，沈黙のようなものも含まれる。
⑤近接学：座席の決め方や会話のときの相手との距離など。
⑥人工品：衣服，眼鏡，化粧，香水など。
⑦環境要因：室内装飾や照明，色，音楽，温度など。

（2）表情

　人は，他者の顔の表情から，相手の気持ちを読み取ることができる。喜んでいる顔，驚いている顔，悲しんでいる顔，怒っている顔など，複雑ではない感情を表す表情であればなおさらであろう。コミュニケーションにおいて重要な役割を持つ顔の表情は，日本人の間でのみ正しく読み取れるものであろうか。それとも外国人の表情であっても，正しく読み取れるのであろうか。

　エクマン（Ekman, 1973）は，人の表情は人類の進化の過程で身につけたものであるから，人類共通であるとしている。そして次のような調査を行い，これを実証した。

　異なる文化の人に図11.4のような表情写真を見せ，表している感情を正しく読み取れるかどうか検討した。ここで提示された顔写真の示す感情は「幸福」「嫌悪」「驚き」「悲しみ」「怒り」「恐れ」であった。また対象は，アメリカ・ブラジル・チリ・アルゼンチン・日本であった。結果，感情によって正解率に違いは見られるものの，文化の異なった国であっても，どの国も高い確率でそれぞれの表情を正しく読み取ることができた。このことから基本的な感情においては，感情を示す表情表出，判断ともにかなり一致しており，感情を表す顔の表情は世界共通であることが明らかとなった。

　しかし，この研究には続きがある。「異なる文化の人」と言っても，同じマスメディアに接しているために，高い正解率が得られた可能性があるのではないかという批判が出たのである。す

A　　　**B**　　　**C**　　　**D**　　　**E**　　　**F**

図11.4　エクマンの基本的感情の表情（Ekman, 1973）

なわち，アメリカ人と日本人は文化的には異なってはいるが，日本人のほとんどはアメリカ人と
じかに接した経験があったり，アメリカの映画やドラマ，ニュース等を見たりしたことがあるは
ずである。そのためアメリカ人にとっての「怒っている表情」が日本人のそれと違っていたとし
ても，それらメディアを通して「アメリカ人は怒っているときにこういう表情をするんだ」と
知っているので，この研究のときにも表情から感情を「当てる」ことができたのだ，とも考えら
れるだろうという批判である。この批判を受けてエクマンらは，これまでまったく西洋の文化と
接したことのない人々の住む地域を探し出し，ここで同様の調査を行った。6種類の基本的感情
を表す顔の表情写真から3枚を選び提示した。そして短い物語の感情を示す人の顔を3枚の中か
ら選ばせた。するとやはり正答率は高く，基本的感情を表す表情が人類共通であることを，また
しても証明したのである。

(3) 対人距離とパーソナルスペース

　すいている時間帯に電車に乗ったとしよう。その車両には10人ほどの人が座っているだけで
ある。そこで，自分も人から程よく距離を置いて席に座る。すると後から来た乗客が，ガラガラ
の車内にもかかわらず自分のすぐ隣に座ってきた。そのようなとき，どのように思うであろうか。
「指定席ではないのだから，好きな所に座って構わないし，自分はまったく気にしない」と思う
であろうか。それとも，「こんなに空いているのに，なぜ私の隣に座ってくるのだろう。離れた
所に座ってほしいのに」と思うであろうか。おそらく多くの人は後者であろう。なぜそう思うの
かというと，人には，自分にとっての快適な空間，あるいは対人距離があり，その空間は自分の
ものだと考えているからである。そのため，その自分の領域を他者に侵されると，居心地が悪く
感じられるのである。この自分にとっての快適な空間をパーソナルスペースと呼んでいる。パー
ソナルスペースは正円状ではなく，前方に広く，後方になるに従って狭くなることが知られてい
る。また，パーソナルスペースの大きさには，性別やパーソナリティなどの個人的要因，対人関
係の程度や文化などの社会的要因などが影響する。たとえば，女性より男性，若者より中高年，
外向的な人より内向的で不安傾向が高い人，ラテン系よりアングロサクソン系に，それぞれパー
ソナルスペースが広い傾向が見られる。ホール（Hall, 1966）は，他者との関係の親密さやその
時々の対人関係により，パーソナルスペースを規定する対人距離が変化するとし，次のような4
つのゾーンに区別した。

①密接距離（0cmから45cm）：お母さんと赤ちゃん，恋人同士の距離。
②個体距離（45cmから120cm）：友人や知人などと親しい会話ができる距離。
③社会距離（120cmから360cm）：個人的事情の入り込まない距離。
④公衆距離（360cm以上）：個人的な関係が成立しなくなる距離。講演など一方的なコミュニケー
　ションを取る場合など。

　このように，パーソナルスペースの広さは，他者との関係性や状況によって変化するものなの

である。

【参考文献】

Asch, S. E. (1951). Effects of group pressure upon the modification and distortion of judgments. In H. Guetzkow (ed.), *Groups, leadership and men*. Carnegie Press.

Cunningham, M. R. (1986). Measuring the physical in physical attractiveness: Quasi-experiments on the sociobiology of female facial beauty. *Journal of Personality and Social Psychology, 50*, 925-935.

Dutton, D. G. & Aron, A. P. (1974). Some evidence for heightened sexual attraction under conditions of high anxiety. *Journal of Personality and Social Psychology, 30*, 510-517.

Ekman, P. (1973). *Darwin and facial expression: A century of research in review*. Academic Press.

Festinger, L., Schachter, S. & Back, K. (1950). *Social pressures in informal groups: A study of human factors in housing*. Harper.

Hall, E. T. (1966). *The hidden dimension*. Doubleday.

磯崎三喜年（1987）．集団圧力が判断の修正とゆがみに及ぼす効果．齊藤勇（編）．対人社会心理学重要研究集1．pp. 70-72．誠信書房．

金政祐司（2006）．愛に関するいくつかの理論．齊藤勇（編）．イラストレート恋愛心理学——出会いから親密な関係へ．pp. 46-59．誠信書房．

加藤司（2006）．失恋の心理．齊藤勇（編）．イラストレート恋愛心理学——出会いから親密な関係へ．pp. 113-123．誠信書房．

Knapp, M. L. (1972). *Nonverbal communication in human interaction*. Holt, Rinehart and Winston.

国立社会保障・人口問題研究所（2022）．第16回出生動向基本調査．国立社会保障・人口問題研究所．Retrieved from https://www.ipss.go.jp/ps-doukou/j/doukou16/JNFS16gaiyo.pdf（2023年4月8日）

Lee, J. A. (1973). *Colours of love: An exploration of the ways of loving*. New Press.

Mehrabian, A. (1972). *Nonverbal communication*. Aldine-Atherton.

Rubin, Z. (1970). Measurement of romantic love. *Journal of Personality and Social Psychology, 16*, 265-273.

齊藤勇（2015）．イラストレート人間関係の心理学　第2版．誠信書房．

Schachter, S. (1959). *The psychology of affiliation*. Stanford University Press.

Singh, D. (1993). Adaptive significance of female physical attractiveness: Role of waist-to-hip ratio. *Journal of Personality and Social Psychology, 65*, 293-307.

Singh, D., Dixson, B. J., Jessop, T. S., Morgan, B. & Dixson, A. F. (2010). Cross-cultural consensus for waist-hip ratio and women's attractiveness. *Evolution and Human Behavior, 31*, 176-181.

Sternberg, R. J. (1986). A triangular theory of love. *Psychological Review, 93*, 119-135.

Walster, E., Aronson, V., Abrahams, D. & Rottmann, L. (1966). Importance of physical attractiveness in dating behavior. *Journal of Personality and Social Psychology, 4*, 508-516.

Zajonc, R. B. (1968). Attitudinal effects of mere exposure. *Journal of Personality and Social Psychology, Monograph Supplement, 9*, 1-27.

第12章
臨床

第1節　臨床心理学

1.　臨床心理学とは

　臨床心理学とは，何らかの心理的な問題がある人々の状態について理解し，心理学の知識や技術によって，専門的に援助をしていく分野である。

　たとえば，対処しきれないほどの強いストレスを受けた際は，生じた不安や緊張がうまく処理されずに何らかの反応となって自覚症状が出たり，人の目に触れる形で現れたりするが，臨床心理学ではそのようないわば症状や問題行動の背景に目を向け，その人物の観察や理解，アプローチを行っていく。

　アメリカ心理学会では，臨床心理学を，「科学，理論，実践を統合して，人間行動の適応調整や人格的成長を促進し，さらには不適応，生涯，苦悩の成り立ちを研究し，問題を予測し，そして問題を軽減，解消することを目指す学問である」と定義している。

　すなわち，認知心理学，発達心理学，社会心理学など，心理学の他の分野や，さらには現代の文化や教育，社会，経済情勢などもまた，その背景に組み込まれてくる。

　さらに臨床心理学では，精神医学とのつながりも密接であり，何をもってして正常と異常を区別するか，何が適応で何が不適応なのか，といったことも考えていかねばならない。他の人物と違うから異常である，というのは，単に個人の感情や価値観にすぎず，問題行動を起こす人物に対しては，何がその行動や考え方に影響を及ぼしているのか，こころの中には何が生じているのかなど，その人物のこれまでのプロセスに耳を傾けていくことが重要である。

2.　臨床心理学が扱うテーマ

　臨床心理学はこころの健康をテーマとしており，臨床の現場では，さまざまなこころの悩みがある人の不安や緊張，または症状や問題行動を観察，理解し，アプローチしていく。

　そのようなこころの悩みを観察，理解する手法がアセスメントであり，さらに，悩みに対峙していく手法がカウンセリングや心理療法である。そして，それらを手段として人の悩みや問題を理解していくのが，心理臨床の基本的な立場である。

第2節　臨床心理学の歴史と現状

　こころの問題は，人類の歴史とともに展開してきた。なかでも精神に変調を来した人にどう対応するかといった側面は，人々にとって重大な関心事であり，この問題に関してさまざまな取り組みが西欧の文明の中で行われてきた。

　その結果が，精神医学を生み出し，やがて臨床心理学の発展の基礎となった。

1.　古代

　人々は精神的に何らかの問題を持っている人を，悪霊が取り付いていると考え，その対応には祈祷や占いなどの宗教行事などを行ってきた。いわゆる悪魔払いなどがそれに当たる。紀元前5〜7世紀頃，ギリシャのアリストテレスによる「精神論」にて，人間のこころのありさまについて初めてまとめられた。同時代にはヒポクラテスが現れ，「精神的な病の原因は脳髄にある」として，古代の迷信や魔術を廃した医学の基礎を築いた。しかし彼の死後と，ギリシャ・ローマ文化の崩壊とともに，そういった思想は途絶え，中世期頃にはふたたび迷信や魔術的思考が強まり，悪魔払いや魔女狩りなどが行われるようになっていった。

2.　19世紀

　すでに18世紀にはフランスのピネルによる精神疾患患者の解放治療や，メスメルによる動物磁気技法によって，精神疾患患者への新しいアプローチが始まってきていた。

　そして19世紀の半ば，フランスの神経病理学者のシャルコーは，これまで子宮の病とされてきたヒステリーを神経病理学的研究の対象とし，催眠法を用いた治療を行う理論を実践していった。彼の実践を学習したのが，フロイトであり，彼は催眠を治療の技法として用いながら自由連想法を考案し，その後，患者のこころを分析し解釈する理論として精神分析学を創始した。

　彼の影響を受けた個人心理学のアドラーや，分析心理学の創始者であるユングなどが，次の20世紀にかけて臨床心理学の発展に寄与していった。

3.　20世紀

　1879年，ヴントがドイツに心理学実験室を創設した後，心理臨床を目的としたさまざまな機関がアメリカに誕生した。

　その中でも最も有名なのが，1896年のペンシルベニア大にてウィットマーが設立した世界初の心理クリニックの誕生である。彼はそこで身体障害者や学習障害，精神障害の子どもたちの治

療教育を目指した。「臨床心理学」との用語を初めて用いたのも彼である。

1909年には精神科医師のヒーリーにより，シカゴに精神病質研究所が設立された。これは非行少年のための教育機関であり，今日の児童相談所や教育相談所の原型となった。

ちょうどその頃に，フロイトの精神分析学がアメリカに紹介され，「幼少期の体験が，その後の精神的障害に影響を与える」というその基礎的な考え方がアメリカにも受け入れられて大いに広がりを見せた。しかしこの精神分析療法は，法的に医師以外の者は実施できないことになっていて，心理臨床家はおもに心理診断に従事していた。

こうした状況下でロジャーズは『カウンセリングと治療』（1942年）を発表し，医師に独占されていた心理療法を，心理療法家に開放するきっかけを作った。

4.　第二次世界大戦後

アメリカでは戦後の復員軍人の神経症に対する心理治療の必要性が高まった。また急激な技術革新や文化的発展についていけず，心理的不適応を起こす人々が増加し，その対応が社会的問題として出現してきた。とくに1960年代のアメリカでは，ベトナム反戦運動やヒッピーカルチャー，フェミニズム運動などが社会に影響し，こころのケアへの必要性が高まることとなった。

こうした背景があったことから，当時のアメリカの心理学はドイツからの亡命心理学者によって隆盛となり，システム論的家族療法や，ブリーフセラピーなどさまざまな心理療法の手法が開発された他，心理療法の効果と評価の測定に関する討論も盛んになっていった。

5.　現在

20世紀の終盤以降，世の中のさまざまな情勢の影響から，「こころの時代」として人々の心理面に対する配慮が重要視されるようになって久しい。

とくに日本においては，1988年に臨床心理士制度が発足したが，1995年の阪神・淡路大震災におけるそのボランティア活動をきっかけに，心理的サポートの重要性が世間に浸透することとなった。同年はスクールカウンセラー制度が発足した年でもある。

2000年代以降も，東日本大震災を始めとした自然災害や，多くの人命が失われるような事件，事故等は絶えない。さらにインターネット環境が与えた情報革命によって，人のこころへのさまざまな影響を目の当たりにしている昨今，社会的な必要性やその活動の範囲は広まってきているのが現状である。

こうした実情を踏まえ，2017年に心理臨床に携わる者の資格として初の国家資格である公認心理師制度が発足し，今後，社会的な浸透が望まれる。

第3節　心理査定（アセスメント）

　臨床心理学におけるアセスメントとは，「面接・心理検査などを用いて，情報収集を行い，その結果を統合的に分析することにより，問題行動や症状の背景，さらには健康な部分も含めたパーソナリティの特徴を把握すること」である。そしてその目的は，問題を解決していくための心理学的援助のため，さらに今後の見通しや目標を立てていくための判断材料として行うことである。

　したがって単に異常を発見するためだけ，レッテル貼りのためだけに行ってはならない。対象者の可能性を探るために行う必要がある。そのためには共感・受容的態度をもって，対象者との関係性に配慮したアセスメントとすべきである。

　その手段としては，第8章において紹介しているが，その中でも心理検査法の代表的なもののごく一部について，簡単に紹介する。

1.　人格検査

（1）質問紙法

MMPI（ミネソタ多面式人格目録）

　精神医学的診断の客観化や補助を目的として開発された550項目からなる検査であり，人格の諸側面を測る臨床尺度と，被検者の回答態度や妥当性を測る妥当性尺度から構成されている。

YG性格検査（矢田部ギルフォード性格検査）

　ギルフォードの人格特性論に基づき矢田部達郎らによって作成された検査。全部で120項目からなり，12の性格尺度（特性）について測定する他，その各尺度のパーセンタイルから，5つの人格傾向のタイプを判定することができる。

（2）投影法

ロールシャッハテスト

　ロールシャッハによって考案された，10枚のインクのシミを被検者に提示し，それが何に見えるかについて回答を求める検査。

TAT（主題統覚検査・絵画統覚検査）

　マーリとモルガンによって開発された，被検者に31枚の図版から20枚を選択してその内容から自由に物語を作ってもらう検査。

P-Fスタディ（絵画・欲求不満検査）

ローゼンツァイクにより考案された，欲求不満場面が描かれた絵を提示し，それに対する被検者の言語的な反応を求める検査。

SCT（文章完成法テスト）

あらかじめ書かれている未完成の刺激文の続きを自由に記述してもらう検査。

描画法

文字どおり，被検者に絵を描いてもらう検査。木や人，風景など描くものによって，風景構成法，バウムテストといった幾つもの種類がある。

2. 発達・知能検査

ビネー式

おもに日本では，田中ビネー式知能検査の改訂版が有名。当初はビネーによる「精神年齢」という基準で知的水準を測定する検査として考案され，その後，精神年齢と生活年齢との比から，知能指数（Intelligence Quotient：IQ）を測定する検査として成立した。

ウェクスラー式

言語性検査と動作性検査からなり，知能を細分化して項目ごとに測定していく検査。成人用はWAIS（Wechsler Adult Intelligence Scale），児童用はWISC（Wechsler Intelligence Scale for Children），低年齢児用はWPPSI（Wechsler Preschool and Primary Scale of Intelligence）と，年齢によって3種類の検査がある。

新版K式発達検査

新生児から12歳頃までの子どもの精神発達の状態を調べる検査であり，「姿勢－運動」「認知－適応」「言語－社会」の3領域の観点から，発達年齢（Developmental Age：DA）や発達指数（Developmental Quotient：DQ）などを作成する。

遠城寺式乳幼児分析的発達検査

運動（移動運動と手の運動），社会性（基本的習慣と対人関係），言語（発語と言語理解）の6つの軸による発達を測定する。

第4節 こころの病気

こころの病にはさまざまな種類がある。それらを分類，診断する基準として，DSM-5とICD-10がおもに用いられている。

DSM-5はアメリカ精神医学会が発行している『精神疾患の診断・統計マニュアル（Diagnostic and Statistical Manual of Mental Disorders)』で，2013年に改訂された第5版のことを指し，22のカテゴリーが示されている。

ICD-10は，世界保健機構（WHO）の『疾患及び関連保健問題の国際統計分類（International Statistical Classification of Diseases and Related Health Problems)』であり，1992年に発行された第10版のことである。全21章と特殊目的用コードからなり，その中の第5章「精神および行動の障害」が精神保健に関する部分である。

ここではそれらに準拠して，代表的なこころの病について取り上げる。

1.　統合失調症スペクトラム

スイスの精神医学者ブロイラーによって1911年に提唱され，日本では2002年まで精神分裂病と呼ばれてきた。

統合失調症は，脳の働きが障害されるために起こる病気とされており，「妄想」「幻覚（幻聴が多い）」「解体した思考・会話」「ひどくまとまりのない言動」「陰性症状（感情の平板化・意欲の欠如など)」の5つの中核症状があるとされる。

2.　抑うつ障害群と双極性障害

かつては躁うつ病や気分障害と呼ばれ，ドイツのクレペリンによって1899年に「気分状態の周期的変動を呈して，人格の崩壊を来さない精神病」と定義されてきた。

気分の変化は，抑うつへの変化を示すうつ状態と，気分の高揚への変化を示す躁状態がある。抑うつ状態が主症状の場合は抑うつ障害群であり，うつ状態と躁状態の両者が交互に認められるのが双極性障害である。

うつ状態では気分の落ち込みといった感情や意欲面の障害の他，睡眠障害，食欲低下などが身体症状として生じやすい。躁状態では，気分の高揚，多幸感，多動や多弁，自信過剰，疲れを感じない，怒りっぽさなどが症状として現れる。

3. 不安症群・不安障害群

愛着を持っている人物からの分離に対して，過剰な恐怖や不安を示す分離不安症，他の状況では話せるが，話すことが期待される状況で話すことができない選択制緘黙，特定の対象または状況に顕著な恐怖や不安を示す限局性恐怖症，他者の注目を浴びる可能性のある社交場面に対して著しい恐怖や不安を示す社会恐怖症，パニック発作を繰り返すパニック症などがある。

4. パーソナリティ障害群

その人のパーソナリティが，その人が属する文化の社会規範や一般常識から著しく偏っていて，柔軟性がないために，苦痛や障害を引き起こすのがパーソナリティ障害群である。青年期または成人期早期に始まることが多い。

言動や信念，習慣などが奇妙で風変りであることが特徴のクラスターA，情緒や感情が過度もしくは過少であるため，演技的，情緒的で，移り気なことが特徴のクラスターB，対人関係における不安や心配，恐怖の強さが目立つことが特徴のクラスターCと3つのカテゴリーに分けられている。

5. 神経発達症群・神経発達障害群

DSM-5によれば，「神経発達症群とは，発達期に発症する一群の疾患である。この障害は，典型的には発達期早期，しばしば小中学校入学前に明らかとなり，個人的，社会的，学業，または職業における機能の障害を引き起こす発達の欠陥により特徴づけられる。発達の欠陥の範囲は，学習または実行機能の制御といった非常に特異的で限られたものから，社会的技能または知能の全般的な障害まで多岐にわたる」とされている（APA, 2013）。以下がおもな神経発達障害群である。

(1) 知的能力障害

論理的思考，問題解決，計画，抽象的思考，判断，学校や社会からの学習，といった知的機能での欠陥と，家庭，学校，職場，地域社会といった環境への適応機能の欠陥が見られるもの。

(2) 自閉症スペクトラム障害

社会的コミュニケーションや対人的なやり取りに困難さがあり，行動や興味の範囲が限定的で繰り返されるといった特徴が見られる。自閉症やアスペルガー障害，特定不能の広汎性発達障害などを含む概念であり，これらは境界線を引くことが難しく，連続したもの（スペクトラム）として捉えられている。

（3）注意欠如・多動障害

　以前は，注意欠陥・多動性障害（Attention-Deficit/Hyperactivity Disorder：ADHD）と呼ばれており，不注意，多動性と，衝動性が見られ，日常生活に影響が生じやすい症状が特徴である。

（4）限局性学習障害

　以前は学習障害（Learning Disability：LD）と呼ばれていたもので，読字の困難，読んでいるものの意味の理解の困難，書字の困難，数字の概念や計算を習得することの困難，数学的推論の困難など，学習や学業的技能の使用に困難が見られるもの。

第5節　心理療法

　心理療法は端的に言えば，何らかの心理的問題を抱えている人（クライエント）に，専門的に訓練されたセラピスト（カウンセラー）がおもに言語的交流や人間関係を通じて，心理的に援助していく方法のことである。

　その手法は多岐にわたり，さまざまな立場からのアプローチが存在しているが，いずれの手法においても，心理的問題を抱えたその人自身の問題解決能力を引き出す，高めることを目的とするのはおおむね共通している。

　またその手段は，おもに会話を中心に行われるが，それは明らかに「心理治療的な意図を持った会話」であり，クライエントの問題解決，不安や苦痛の軽減，再適応と自己コントロールの獲得は共通目標と言える。

　以下にそのアプローチの大枠について，3つの分類を紹介する。

1.　心理療法の分類

　前述のとおり，心理療法にはさまざまな種類の手法が存在するが，その中で行われる会話の仕方，問題の扱い方，治療目標の在り方，人間理解やその基礎となるパーソナリティ理論などによって分けられる。

（1）精神力動的な心理療法

　症状そのものよりも，その誘因となる心理的な背景，とくに過去の体験によってこころの中に作られた傷やストレスと向き合う際の心理的なメカニズムなどに焦点を当てていくアプローチ。

（2）行動論的な心理療法

　症状の軽減，消失を直接の目標とするやり方であり，その人の症状は誤った学習によって形成された不適応的な条件反射であるとする。よってその不適応的な反応を除去し，適応的な行動

（反応）を再学習することで，問題解決を図ろうとするアプローチ。

（3）人間学的な心理療法

　症状を排除すべき問題とするのではなく，クライエントを「症状をも含めた1個の有機体」として理解し，人は自分の意思決定により成長と幸福に向かうこと（自己実現）のできる存在であるとする考え方をもとにしたアプローチ。

第6節　心理的な援助

1.　医療関連領域

・病院，クリニック（精神科・心療内科・小児科・婦人科・脳神経外科・泌尿器科・物忘れ外来など）
・精神保健センター，保健所，医療福祉センターなど

　元来，精神科領域において，心理療法的な関わりを行ってきたが，現在は他科における活動も広がりつつある。上記に挙げられた科以外にも，緩和ケアやリハビリテーションの場，さらには慢性疾患の患者への対応なども行われている。また医療機関だけでなく，関連施設においても同様の活動はあり，ともに医師や看護師，ケースワーカーやソーシャルワーカー，作業療法士や理学療法士など，関連する他職種との連携が求められる現場である。

2.　教育関連領域

・公立の小中学校，私立も含めた高校，大学などの学校機関における相談室
・地方自治体が設置する教育相談所，教育センターなど

　スクールカウンセラー制度導入以降，こうした学校機関での活動は，ごく当たり前の状況となってきており，その他，各種専門学校，教育機関においても設置されていることが多い。

3.　福祉関連領域

・児童相談所，障害者福祉センター，作業所などの福祉施設など

　行政との連携が強い現場であり，とくに昨今は虐待の問題などから児童相談所における活動が重要視されつつある。また児童だけでなく，障害者，高齢者などへの関わりや，さらにその家族へのサポートも必要とされている。

4. 司法関連領域

・家庭裁判所，少年院や鑑別所，刑務所，警察関連の相談室など

　加害者側への教育や矯正といった関わりだけでなく，最近では被害を受けた側へのケアとして，被害者相談窓口なども設置されるようになってきている。

5. 産業関連領域

・企業内の健康管理室や相談室，公立職業安定所，障害者職業センターなど

　国の政策もあり，企業内でのメンタルヘルスに取り組もうとする現場は多くなっている。また守秘義務への懸念から，後述の私設相談機関が，外部機関として関わる場合も増えてきている。その他，障害者などの社会復帰や進出のサポートといった上記福祉領域との連携などにも心理的援助の現場が設けられている。

6. その他の領域

・開業心理相談室，カウンセリングセンターなど

　社会的な需要もあり，臨床心理士等が個人で，またはグループで相談室を開設している現場も多くなってきている。おもに都市部などが多い傾向にはあるが，最近ではネット環境を利用してオンラインでの対応も行える現場も多々見られるようになっている。

【引用文献・参考文献】

American Psychiatric Association, DSM-5 Task Force (2013). *Diagnostic and statistical manual of mental disorders: DSM-5™* (5th ed.). American Psychiatric Publishing, Inc.

稲富正治（2016）．図解 臨床心理学．日本文芸社．

森谷寛之・竹松志乃（編著）（1996）．はじめての臨床心理学．北樹出版．

二宮克美・山本ちか・大幡直也・松岡弥玲・菅さやか・塚本早織（2021）．エッセンシャルズ 心理学 第2版——心理学的素養の学び．福村出版．

Rogers, C. R. (1942). *Counseling and psychotherapy: Newer concepts in practice*. Houghton Mifflin.

庄司順一・西澤哲（編）（2001）．ソーシャルワーカーのための心理学．社会福祉基礎シリーズ12．有斐閣．

杉原一昭（監修）渡邉映子・勝倉孝治（編集）（2003）．はじめて学ぶ人の臨床心理学．中央法規出版．

World Health Organization (WHO) (1993). *The ICD-10 classification of mental and behavioral disorders*. World Health Organization.

第13章
犯罪

第1節　犯罪

1.　犯罪とは

　犯罪とは何かという答えはとても難しいものである。端的に言えば，刑法で使われる犯罪の概念を用いればよいであろう。刑法上の犯罪の概念は，罪刑法定主義の要請で，厳密に規定しておくことが望ましい。刑法学では，構成要件に該当し，違法な有責な行為だとされる。つまり，社会的に有害とされる行為の中から一定の行為を選び出して，処罰が妥当であるか否かを検討するものである。逆に言えば，ここでは刑法の謙抑性が求められ，いたずらに処罰すること自体が戒められるため，厳密な要件に適合する行為だけが対象となる。

2.　構成要素

　小川によれば，b・d・rダイナミックスの図式を用いて，犯罪もしくは刑事政策で検討すべき犯罪の要素は3つあると報告している（図13.1）。加害行動（bihavior：b），損害（damage：d），反動（reaction：r）で，行為者（Individual：I）が加害行動を行い，これによって被害者（Victim：V）に損害が生じる。これに対して社会（Social：S）からの反作用が生じて，初めて犯罪と言える。

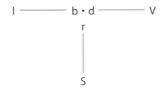

図13.1　b・d・rダイナミックス（小川, 1978）

3.　社会に必然

　デュルケイムによれば，犯罪のまったく存在しない社会状態は，異常で病理的と言われている。このような社会は，道徳意識の拘束が強く，それに反対する者がまったくいないという，息の詰

まる社会となるであろう。歴史が語っているように，社会の発展には必ず逸脱者がいた。社会が前進するには，一定量の逸脱（犯罪も含む）が必要であるということになる。社会改革家や政治革命家は当時の社会を批判する形で改革を進め，今日の労働組合やアメリカにおける黒人の公民権獲得には，多くの逸脱・犯罪という副産物があった。しかしながら，私たちは社会の発展のために，殺人や強盗を奨励しているわけではないことも銘記すべきである。たとえば，子どもの教育で考えると，躾を厳しくすれば，子どもはおとなの顔色を窺っておとなしくなるが，その自由な成長や発達は妨げられるかもしれない。青年心理学によれば，幼児期に悪い行為を一切しないように躾けられたおとなしい子どもは，青年期以降に種々の逸脱を起こす可能性がより高いと言われている。また，現代社会では世界の至る所で紛争が絶えず，戦争で多くの人々の命を奪っている。戦争を犯罪とするか否かは別として，戦争は人間の攻撃性が極端に表れているものと言っても間違いはない。今後戦争が地上からなくなると確信している人は，たぶんひとりもいないであろう。そうなると，犯罪は完膚なきまでに撲滅すべきという徹底した犯罪防止の考え方は，現実的ではないかもしれない。

第2節　捜査

1.　犯罪者プロファイリング

　警視庁によれば，犯罪者プロファイリングとは，「犯行現場の状況，犯行の手段，被害者などに関する情報や資料を統計データや心理学的手法などを用いて，また情報分析支援システムなどを活用して分析，評価することにより，犯行の連続性の推定，犯人の年齢層，生活様式，職業，前歴，居住地などの推定や次回の犯行の予測を行うもの」と定義されている。犯罪者プロフィリングは，連続して発生している性犯罪，放火，通り魔事件など犯行状況に関する情報量の多い事件や犯行特徴がつかみやすい事件で活用されている。

(1)「FBI方式」の犯罪者プロファイリング

　スーザン・イエーガー事件を解決した方法である。FBIアカデミーでは，全米から参加した捜査官を対象に，国内で起きたさまざまな事件について議論形式の授業を行った。この授業の中で教官たちはさまざまな事件の捜査報告書，死体検案書，状況見分調書や犯罪統計を見ることで，被害者と犯罪者の関係がない事件でも犯人の動機や特徴をある程度推定できると考えた。しかし，当時の犯罪者プロフィリングはプロファイラー個人の「技」でしかなく，FBIアカデミーでは確立した手法とするため，「犯罪現場の情報の分析」「犯罪現場の分類」「犯人属性の抽出」「プロファイラー個人の知識や経験をもとにした犯人属性の構成」を構築していった。

(2)「FBI方式」の類型論

　FBI方式は類型論と言われている。典型的な型を複数設定し，個人をいずれかの型に分類する

ことで，個人を理解しようとする方法である。一方，カンターは，犯人の一連の行動を包括的に分析することにより把握できる犯行の型を犯行テーマと呼び，たとえば全ての連続殺人に共通する犯行テーマとある連続殺人犯に特有な犯行テーマがあると指摘している。FBIアカデミーでは，全ての資料をもとに，連続殺人に共通する犯行テーマと犯人属性を「秩序型」と「無秩序型」に分類した。「秩序型」と「無秩序型」の犯行テーマと犯人属性については表13.1のとおりである。

表13.1　秩序型と無秩序型（具体的な特徴の一例）

	秩序型	無秩序型
犯行テーマ	・計画的な犯行 ・犯罪現場がきれい ・凶器や証拠を残さない	・無計画な犯行 ・犯罪現場は乱れている ・凶器や証拠を残す
犯人属性	・知的水準は平均以上 ・社会性がある ・犯行中は感情を統制している	・知的水準は平均以下 ・社会性が未熟 ・犯行中は感情が不安定

　しかし，実際には「秩序型」「無秩序型」のどちらにも当てはまらない犯行テーマを含む事件や，「混合型」と言われる「秩序型」「無秩序型」の両方の特徴を持っている事件が確認されているため，犯行テーマだけで犯人属性を推定することに限界があることも指摘されている。

(3)「リヴァプール方式」の犯罪者プロファイリング

　カンターは，1985年にロンドン警視庁から連続強姦殺人事件の捜査協力を受けたとき，FBI方式の犯罪者プロファイリングだけではなく，犯人の行動について地理的分析も試みてプロファイリングを行った。その後，犯人の空間行動に関する分析と推定（表13.2）は，「地理的プロファイリング」と定義され，連続犯行の現場分析から犯人の活動拠点を推定する目的で活用されるようになった。

表13.2　地理的プロファイリング

1	連続事件の発生地点のマッピング
2	発生年別に事件発生地点の分布の比較
3	初期の犯行領域が犯人の犯行基点であるという仮説の設定
4	初期の発生地点に囲まれた地域内に犯人の居住地があるとの推定

(4)「リヴァプール方式」における多変量解析：ファセット理論

　ファセット理論は，ガットマンにより提案された「デザイン」「分析」「理論」の過程から構成される科学的方法である。「デザイン」の過程では，事件情報の一覧表を作成し，犯人の行動を抽出してデータを作成する。「分析」の過程では，犯人の行動に関するデータ同士の類似性を二次元空間に視覚的に表示するような統計分析を行う。類似性とは，事件において2つの行動が確認された場合，これらの行動を同一犯が同時に行う可能性のことである。「理論」の過程では，分析により二次元空間に表示された犯人の行動に関するデータの類似性と配置から，仮説や先行

研究をもとに犯行テーマを分類，検討することにより，犯人の行動の構造を明らかにする。

2. 目撃証言

　目撃証言は，人間の知覚とか記憶という機能を取り扱うので認知心理学という分野の関連が一番大きい。目撃証言の捜査には，目撃時の環境，事件・事故のストレス強度など，数多くの要因，それもほとんどが警察がコントロールできない要因とリンクさせて，捜査を行わなくてはならない。そのため，さまざまな分野の心理学の基礎実験から得た知識の応用や，科学的エビデンスのある面接方法の開発が重要になってくる。

3. 捜査面接法

　捜査面接法は，犯罪の実行犯から適正な自供を得る面接と，事件・事故の被害者や目撃者から有効な情報を収集する面接に大別される。面接に関しては，面接対象者の役割が重要であるのは言うまでもない。実際の捜査では，「昨日，テレビで見たサッカーの試合について話してください」という日常の一場面を報告するのとは異なり，おそらく一生に一度も遭遇しないような事件・事故の状況について述べてもらうのである。面接対象者もいったい何から話していいのか分からない。そのため，認知面接という手法を利用して面接を行っていく。認知面接は，「導入段階」「自由に話をしてもらう段階」「必要な情報を収集する段階」「まとめの段階」「最終段階」の5つの段階を経て行う面接である。

4. ポリグラフ検査

　各都道府県警察本部に設置された科学捜査研究所に配属された人は，鑑定技術のひとつであるポリグラフ検査を行う資格を得るため，科学警察研究所法科学研究所において一定期間研修を受け，専門試験に合格しなくてはならない。ポリグラフ検査は，アメリカで始まった嘘発見の検査であるが，日本においても長らく「嘘を見抜く検査」として考えられてきた。しかしながら，嘘発見に関する研究が進むにつれ，質問に対して生じる生理反応は，嘘特有のものではないという見解が正しいことが判明した。そのため，近年では嘘発見とは言わず，ポリグラフ検査と言っている。ポリグラフ検査では，質問表を作成する。その質問方法は，隠匿情報検査あるいは有罪知識質問法などと言われるものである。検査自体は，質問表の内容を検査者が読んで，被検査者が返答するものである。返答する言葉には強制はなく，被検査者が自由に答えてよい。この質問は，犯人でなければ知り得ない事実の質問をひとつだけ加えて作成する。

第3節　防犯

　犯罪の研究と言うと捜査や矯正ということに目を向けられてしまいがちであるが，どうすれば，犯罪を未然に防ぐことができるのかということを考え研究する分野もある。それが防犯の研究である。防犯の研究では，さまざまな犯罪予防理論が生み出されている。

1.　防犯研究

(1)　守りやすい空間

　「領域性」「自然監視」「イメージ」が重要である。ニューマン（Newman, 1972）は，地域によって犯罪の発生率に違いがあるのはなぜか，同じ地域でも，低層に比べて高層住宅の犯罪率が高いのはなぜか，集合住宅のどのような場所で犯罪が起きているのかという内容について調査を行い，「守りやすい空間（defensible space）」を提唱した。また，彼は公共住宅の環境デザインが犯罪を誘発しているのではないかと考え，「領域性」「自然監視」「イメージ」が重要であると報告している。領域性は，動物がなわばりを作って棲みかを守るように，私たち人間も「私たちのもの」であると認識させ，そこを守ることに責任と正当性を感じるために物理的，象徴的な障壁（境界）を明示することで侵入者の接近を抑える効果があるとした。たとえば，進入禁止のマークを提示するというのもひとつの方法である。自然監視は，守るべき環境を内側および外側から視界を最大にするためのデザイン工夫をすることである。これは住民同士が互いに見守ることによって，犯罪の発生が抑止されるものである。また，見通しのきかない死角となる場所を作らない，エレベーターホールや廊下で人目につきにくい場所は危険であるなどといったことである。イメージは，外部からの侵入者を防ぐために，住民たちが自分たちの住環境へのイメージを向上させることで，自分たちの力で守っていこうというモチベーションを持つことである。

(2)　CPTED

　ジェフリーによると，これまでの犯罪理論が「人」に注目しすぎていたことを批判し，「環境」の重要性を説くCPTED（Crime Prevention Through Environmental Design：防犯環境設計）という考えを提唱した。この方法は，犯人が対象物に接近しにくいようにする監視性の確保などである（ビデオカメラの設置）。

(3)　状況的犯罪予防

　状況的犯罪予防は，犯罪を作り上げる社会や制度上の問題の改善ではなく，犯罪を行う機会を直接的に減らすことを目的とするものである。これは，犯罪者の合理的選択理論という考えに基づき，「犯罪が成功する可能性と失敗して逮捕される可能性」「犯罪によって得られる利益」「逮

捕されたときの罪の重さ」「犯罪にかかるコスト」を考慮して犯罪者は犯罪を実行すると考えている。つまり，犯罪者は犯罪によって得られるメリットが犯罪によって発生するデメリットを上回る場合に犯罪を行い，その逆のときには犯罪を行わないというものである。

2. 日本の防犯活動

防犯活動に関しては，アメリカでは環境デザインによる犯罪防止（CPTED）から始まり，日本では警視庁が行った「都市における防犯基準策定のための調査」が始まりである。

（1）被害情報発信活動

被害情報発信活動とは，各都道府県警察で行っている「女性や子どもに対する声かけ等事案」「身近な犯罪の発生状況」の情報を地域住民に対して発信する活動である。犯罪情報マップは2週間に1回の更新であるが，事案や犯罪などの情報をタイムリーにメールで提供してくれるサービスもある。

（2）通学路の安全対策および被害防止教育の推進

警察では，子どもが安全に登下校することができるように学校や防犯ボランティア等と連携しつつ，通学路等のパトロールや防犯教室，地域安全マップ作成会などを関係機関・団体と連携して開催している。

（3）前兆事案の対策

前兆事案とは，声掛け，付きまとい，痴漢，覗き・盗撮，身体露出，その他の不審行為である。声掛けなどの不審者遭遇情報は，その後の性犯罪発生のリスクを高める前兆事案として考えられているため，事案発生後に見回りを強化するなどの早期対策が強く求められる。

第4節　矯正

2023（令和5）年現在，日本には，73庁の刑事施設がある。その内訳は，刑務所47庁，医療刑務所3庁，少年刑務所6庁，女子刑務所5庁，拘置所8庁，社会復帰促進センター4施設である。また，少年院は44庁，少年鑑別所は52庁である。少年院は，家庭裁判所から保護処分として送致された少年に対し，その健全な育成を図ることを目的として，矯正教育や社会復帰支援等を行う法務省所管の施設である。そして，「少年鑑別所は，（1）家庭裁判所の求めに応じ，鑑別対象者の鑑別を行うこと，（2）観護の措置が執られて少年鑑別所に収容される者等に対し，健全な育成のための支援を含む観護処遇を行うこと，（3）地域社会における非行及び犯罪の防止に関する援助を行うことを業務とする法務省所管の施設で」ある。

なお，PFI（Private Finance Initiative）手法による刑事施設が全国に4施設ある。PFIとは，公共施設等の建設，維持管理，運営等を民間の資金，経営能力および技術的能力を活用して行う手法であり，効率的かつ効果的に社会資本を整備することを目的に，民間資金等の活用による公共施設等の整備等の促進に関する法律（平成11年法律第117号）により推進されている制度である。

1.　非行・犯罪の理解

　非行・犯罪の多くは，過去もしくは現在置かれている状況の中で，他者や社会との関わりにおいて感じている，不適応感，無力感，社会的な劣位感，被害感，自尊感情の傷つき，怒りといった否定的感情を背景にした反社会的な思考や態度に基づく行動である。たとえば，学校でイジメに遭っている少年が親に訴えても心配してもらえない。そして，安心できる居場所が持てなかった少年が，弱小な自己イメージの回復のため不良仲間に接近し，男は強くなければならない，やられる前にやれ，などの不良仲間の価値観や行動様式を取り入れて，今度は他者に対して支配的，暴力的に振る舞うようになるといったことはよくある。少年自身の否定的な感情が，ただちに反社会的行動に結びつくというわけではなく，それまでの間にそうした行動を支持する反社会的な思考・認知・態度があったということである。

2.　非行・犯罪を防ぐ

　非行・犯罪を防ぐ介入としては，認知や態度をターゲットに行動変容を図る認知行動療法がある。近年，欧米における教育効果，再犯率に関する研究のメタアナリシスは，行動主義的，社会学習的，認知行動療法的な介入が最も効果があるとしている。

(1) リスク・ニード・反応性の原則

　リスク原則は，対象者の再犯リスクの水準に応じた処遇を行うことである。ニード原則とは，犯罪行動と直接結びつき，かつ介入によって変化可能なリスク要因（犯罪誘発性のニード）を介入ターゲットとすることである。反応性の原則とは，対象者が介入から最大限の利益を得られるように年齢，学習スタイル，動機づけ，性格特徴などの個別の要因を考慮に入れることである。

(2) 再発防止モデル

　行動を変えようとしている個人に，犯罪の危険性を増加させる高危険状況を気づかせ，いかに高危険状況を避け，逸脱的でないやり方で対処していくかを教えるための自己統制プログラムである。

(3) グッドライフ・モデル

　人間は，誰しも自分にとって価値あるものを手に入れるために行動するものであるということ

を前提にし，犯罪はそれを社会的に受け入れられない方法で得ようとする行動である。そこで，自分にとって価値のあるものを手に入れる方法を理解させ，社会的に受け入れられる方法として必要なスキルを身につけることを目的としている。

第5節　さまざまな犯罪

犯罪はさまざまなものがある。重要犯罪とは，「殺人」「強盗」「放火」「強制性交等」「略取誘拐・人身売買」「強制わいせつ」であり，重要窃盗犯とは，「侵入盗」「自動車盗」「ひったくり」「すり」を言う。なお，犯罪少年は，とくに断りのない限り，犯行時および処理時の年齢がともに14歳以上20歳未満の少年を言う。

1.　殺人

最近の日本での殺人事件の特徴としては，親が被害者となる3つのタイプのケースが急増している。第一のタイプは，教育や進路を巡る親子間の葛藤が暴力事件を誘発するものである。第二のタイプは，引きこもっている子どもと親の対立が激化して親を殺すという引きこもり殺人である。第三のタイプは，高齢者の介護疲れに加えて，経済的に追い詰められたすえに行われる介護殺人である。

2.　性犯罪

性暴力を説明するモデルとしてマラムスらの合流モデルというものがある（図13.2）。このモ

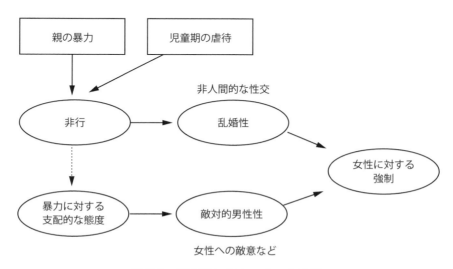

図 13.2　合流モデル（Malamuth et al., 1995）

デルで中心となる変数は，乱婚性と敵対的男性性である。乱婚性とは，相手の人格を尊重しない非人間的な性的関係を求める行動である。敵対的男性性とは，女性に方向づけられた防衛，敵意，不信感，そして不安という要素と女性を支配し屈辱を与えることによって得られる満足という2つの要素からなっている特性であり，女性に対する敵意が中心となっている。また，日本特有の考え方かもしれないが，女性に対する敵意よりも平等主義的性役割感が低いと，性的加害に関わりやすいと言われている。なお，性暴力は，「魂の殺人」と言われるくらい，被害者に心理的な深刻な被害を与える。

3. 窃盗

　刑事犯の認知件数で多くを占めるが，その動機や手口は多様である。窃盗犯が口にする犯行の動機は表面的なものが多く，欲しかった，お金がなかった，仲間の誘いを断れなかったなどがある。窃盗犯の特性を知るためには，本人の生活環境とともに，本人の人格特性，生活史，仲間関係，社会適応の在り方を検討する必要がある。

4. 万引き

　万引きに共通する特徴としては，どの時代でも悪いこととは分かっているが，規範意識や罪悪感を打ち消す中和化が起きやすい犯罪である。中和化とは，これは悪いことではない，大したことではない，仕方がない相手が悪いなどとする合理化のことである。万引きの動機には，出来心の他に商品が欲しいがお金がなく窃取する，お金はあるが遊びやスリルを楽しむ，ストレス解消，自分に注目してほしいなどがある。しかし，万引きが再犯として繰り返される場合，背景には精神疾患があることも考慮する必要がある。

5. 薬物犯罪

　薬物犯罪は，覚醒剤，大麻，麻薬および向精神薬などの輸入・輸出，使用・所持，譲り渡し・譲り受けといった行為を行うことである。脱法ドラッグや危険ドラッグは，麻薬や覚醒剤の化学構造を少しだけ変えた物質により作られていて，身体への影響は麻薬や覚醒剤と変わらない。また，薬物が使用者の精神・身体に与える影響は大きく，薬物の使用が他の犯罪を引き起こし得ること，薬物の密売による利益が反社会勢力の資金源になっていることを考えると薬物犯罪の撲滅は重要である。

6. ストーカー犯罪

　2016（平成28）年12月に法改正された「ストーカー行為等の規制等に関する法律（ストー

カー規制法）」によれば，規制の対象となるのは，「つきまとい等」「位置情報無承諾取得等」「ストーカー行為」の3つである。

（1）つきまとい

特定の者に対する恋愛感情その他の好意の感情またはそれが満たされなかったことへの怨恨の感情から，特定の者またはその家族等に対して行われる以下の8つの行為を「つきまとい等」と規定している。

（1）第2条第1項第1号

つきまとい，待ち伏せし，進路に立ちふさがり，住居，勤務先，学校その他その現に所在する場所若しくは通常所在する場所（以下「住居等」という。）の付近において見張りをし，住居等に押し掛け，又は住居等の付近をみだりにうろつくこと。

（2）第2条第1項第2号

その行動を監視していると思わせるような事項を告げ，又はその知り得る状態に置くこと。

（3）第2条第1項第3号

面会，交際その他の義務のないことを行うことを要求すること。

（4）第2条第1項第4号

著しく粗野又は乱暴な言動をすること。

（5）第2条第1項第5号

電話をかけて何も告げず，又は拒まれたにもかかわらず，連続して，電話をかけ，文書を送付し，ファクシミリ装置を用いて送信し，若しくは電子メールの送信等をすること。

（6）第2条第1項第6号

汚物，動物の死体その他の著しく不快又は嫌悪の情を催させるような物を送付し，又はその知り得る状態に置くこと。

（7）第2条第1項第7号

その名誉を害する事項を告げ，又はその知り得る状態に置くこと。

（8）第2条第1項第8号

その性的羞恥心を害する事項を告げ若しくはその知り得る状態に置き，その性的羞恥心を害する文書，図画，電磁的記録（中略）に係る記録媒体その他の物を送付し若しくはその知り得る状態に置き，又はその性的羞恥心を害する電磁的記録その他の記録を送信し若しくはその知り得る状態に置くこと。

（2）位置情報無承諾取得等

特定の者に対する恋愛感情その他の好意の感情またはそれが満たされなかったことへの怨恨感情から，特定の者またはその家族等に対して行われる以下の2つの行為を「位置情報無承諾取得等」と規定している。

(1) 第2条第3項第1号

その承諾を得ないで，その所持する位置情報記録・送信装置〔GPS機器等〕（中略）により位置情報を（中略）取得すること。

(2) 第2条第3項第2号

その承諾を得ないで，その所持する物に位置情報記録・送信装置〔GPS機器等〕を取り付けること，……

(3) ストーカー行為

同一の者に対し「つきまとい等」または「位置情報無承諾取得等」を繰り返して行うことを「ストーカー行為」と規定している。

7. ドメスティックバイオレンス（DV）

英語の「domestic violence」をカタカナで表記したものである。ドメスティックバイオレンスの用語については，明確な定義はなく，日本では「配偶者や恋人など親密な関係にある，又はあった者から振るわれる暴力」という意味で使用されることが多い。配偶者からの暴力を防止し，被害者の保護等を図ることを目的として制定された「配偶者からの暴力の防止及び被害者の保護等に関する法律」は，「DV防止法」と呼ばれている。配偶者暴力防止法においては，被害者を女性には限定していないが，配偶者からの暴力の被害者は，多くの場合女性である。配偶者からの暴力などの女性に対する暴力は，女性の人権を著しく侵害する重大な問題で，相談件数や調査結果等から，少数の人だけが被害を受けているのではなく，多くの人が被害を受けている。

8. 特殊詐欺

特殊詐欺とは，被害者に電話をかけるなどして対面することなく信頼させ，指定した預貯金口座への振り込みその他の方法により，不特定多数の者から現金等をだまし取る犯罪である。特殊詐欺の手口には，「オレオレ詐欺」「架空請求詐欺」「融資保証金詐欺」「還付金詐欺」等がある。特殊詐欺の被害者の特徴としては，高齢者が標的にされていることが挙げられる。また，その詐欺の方法も高度化複雑化して，気をつけていても被害者が増えてしまう。

9. 交通犯罪

交通犯罪としての過失犯は，主として業務上過失傷害，業務上過失致死，重過失傷害，重過失致死として，つまり，生命身体に対する罪として現れている。また，各種の交通規制の法規に違反する罪は，本来純粋に技術的な行政規則の違反で，刑法上の犯罪とは本質を異にするとされている。しかし，近年，都会地における交通事情はあまりにも悪化し，交通違反はすなわち交通事

故の発生を意味すると言っても過言でないありさまを現出しつつある。

10. 洗脳・マインドコントロール

　洗脳は，虐待や拷問，違法薬物，電気ショックなど，暴力的手段を用いて相手のこころを支配することである。マインドコントロールは，こころの隙に入り込み，情に訴えたり，巧みな会話で相手のこころを変えるよう導くことである。どちらも他人を支配するということでは変わりがなく，とても危険なことである。

11. テロリズム（テロ）

　テロリズムは，警察庁組織令および特定秘密の保護に関する法律で，次のように定義されている。

警察庁組織令
(1) 第40条第1号
一　外国人又はその活動の本拠が外国に在る日本人によるテロリズム（広く恐怖又は不安を抱かせることによりその目的を達成することを意図して行われる政治上その他の主義主張に基づく暴力主義的破壊活動をいう。（中略））に関する警備情報の収集及び整理その他これらの活動に関する警備情報に関すること。

(2) 第43条第3号
　特定物質（中略）及び特定病原体等（中略）を使用したテロリズムが行われることを防止するための特定物質及び特定病原体等の防護に関すること。

特定秘密の保護に関する法律
(1) 第12条第2項第一号
　特定有害活動（中略）及びテロリズム（政治上その他の主義主張に基づき，国家若しくは他人にこれを強要し，又は社会に不安若しくは恐怖を与える目的で人を殺傷し，又は重要な施設その他の物を破壊するための活動をいう。（中略））との関係に関する事項……

化学兵器の禁止及び特定物質の規制等に関する法律
(1) 第2条第3項
　この法律において「特定物質」とは，毒性物質及び毒性物質の原料となる物質（以下「原料物質」という。）のうち，化学兵器の製造の用に供されるおそれが高いものとして政令で定めるものをいう。

感染症の予防及び感染症の患者に対する医療に関する法律

（1）第6条第19項

　この法律において「特定病原体等」とは，一種病原体等，二種病原体等，三種病原体等及び四種病原体等をいう。

　2001（平成13）年9月11日に起こったアメリカ同時多発テロ事件は，イスラム過激派テロ組織アルカイダによって行われた自爆テロである。このように，政治的目的を達成するために，暗殺，殺害，破壊，監禁や拉致などによって敵対する当事者や一般市民をも巻き込んで，心理的威圧や恐怖心を通して譲歩や抑圧を図ることを目的とするものである。

12. いじめ

　2013（平成25）年に「いじめ防止対策推進法（いじめ防止法，いじめ対策法）」が施行された。いじめとは，当該児童生徒が，一定の人間関係のある者から，心理的，物理的な攻撃を受けたことにより，精神的な苦痛を感じているものと定めている。また起こった場所は，学校の内外を問わないとしている。また，いじめの中には，犯罪行為として取り扱われるべきと認められるものもあり，早期に警察に相談する重要なものや，児童生徒の生命，身体または財産に重大な損害が生じないよう，直ちに警察に通報することが必要なものが含まれている。いじめは，いじめている（その認識がない）者よりも，いじめられている者の方が，こころに深い傷を負うものである。また，いじめられたとする児童生徒の気持ちを重視することが必要である。いじめ防止のためには，個人への働きかけに加えて，いじめを許さない雰囲気作りが大切である。

【参考文献】

藤田主一・板垣文彦（編）（2008）．新しい心理学ゼミナール——基礎から応用まで．福村出版．

法務省矯正局（1992）．少年鑑別所のしおり．法務省．

小宮信夫（2013）．犯罪は予測できる．新潮社．

Malamuth, N. M., Linz, D., Heavey, C. L., Barnes, G. & Acker, M. (1995). Using the confluence model of sexual aggression to predict men's conflict with women: A 10-year follow-up study. *Journal of Personality and Social Psychology, 69*, 353-369.

Newman, O. (1972). *Defensible Space: Crime Prevention Through Urban Design.* Collier Books.

小川太郎（1978）．刑事政策論講義（第2分冊）．法政大学出版局．

第14章
経営と産業

第1節　ビジネスコミュニケーション

1.　人との対話

　対話と会話は異なっている。どちらも2人もしくは複数の人々と話し合うことであるが，会話は明確なゴールや目的がない話し合いである。しかし，対話とは，互いの意見の違い（ズレ）を理解して，そのズレを合わせることを目的としている。そのため，対話では何かしらの明確なテーマに基づいて，それぞれが意見を話すものである。ビジネスシーンで対話が必要となるのは，それぞれの人は置かれている立場が異なり，その立場から人や物事を見て発言するものである。たとえば企業の組織を考えると，上司は部下に対してはどうしても指導という意識が働き，これは対話ではない。しかし，対話をすることで，相手の立場に沿って物事を見るきっかけが生まれる。対話のときには，「互いに尊重する」「個人の価値観を否定しない」「自分を客観的に見る」「社会的な価値観と個人的な価値観を切り離す」という4つの事柄をポイントにする。互いに尊重するというのは，人にはこれまで生きてきた中で培ってきた価値観がある。そのことには優劣がなく，相手の考え方についても，良い・悪いと判断しないことが大切である。個人の価値観を否定しないというのは，相手の価値観が自分とは逆のものであったとしても，それを否定しない。その人にとって，それが正しいと考えるのであれば，そのことを認めるようにする。しかし，認めるということは，その考えに賛同するということとは異なっている。自分を客観的に見るというのは，これは対話をする上でとても大切なスキルである。問題を自分の感情と切り離して他人事のように考えることで，そのことについて話しやすくなったりする効果がある。

　社会的な価値観と個人的な価値観を切り離すというのは，個人的な価値観からいったん離れ，社会的な価値観を尊重するべき場面もある。たとえば，チームの仕事なのに，Aさんは「1人でやった方が早い」と勝手に進めてしまう。Aさんにとっては，「個人のパフォーマンスを上げた方が貢献できる」と考えているようである。しかし企業としては，組織的な成長を考え，Aさんにリーダーとして他の人に仕事を割り振り，全体としての効率を上げてほしいと考えているとしたとき，このような場合には，上司がきちんとAさんと対話をし，Aさんの効率を上げたいという価値観を，組織の一員として活かしてもらうよう働きかけるとよい。

2. 感情のマネジメント

感情のマネジメントのスキルが高まると，組織全体のマネジメントも円滑になり，ストレスの低下，ハラスメントの防止にもつながると言われている。

(1) 感情の識別

自分と他者の感情を認識する能力で，感情マネジメントをする上でのベースとなるスキルである。ビジネスでは，自分の感情を認識することも重要であるが，相手の感情を感じ取ることもそれ以上に重要である。たとえば，部下がミスをしたときに自分は腹が立っていても，部下はそのことで意気消沈していることがある。自分の感情しか識別できないと，部下をさらに追い詰めてしまうことになる。相手の感情を認識できると，自分の感情と折り合いをつけられるため，ビジネスの面では重要なことである。

(2) 感情の利用

ふさわしい行動を取るために感情を生み出す能力である。具体的には，何か仕事上で想定外の事象が起こり気持ちが動揺するシーンにおいて，冷静に振る舞うために落ち着いた感情を作り出すことなどである。その他，困難な状況にある部下に対し，過去の自分の類似の経験と重ね合わせて相手の気持ちに深く共感した感情を作り出すことも感情の利用のひとつである。このスキルが乏しい場合，シーンに応じた適切な振る舞いができないため，感情が乱れた際にトラブルになりやすく，相手に共感しにくいということになる。

(3) 感情の理解

自分や他者がそのような感情を得た原因や感情を推察する能力を意味する。感情は複雑なもので，そのときの状況や相手との関係性や行動によって変化する。たとえば部下が何かミスをした際に怒りの感情が芽生え，それを注意したときの反応が期待どおりのものでなかった場合に，さらに怒りの感情が強化される場合がある。このような「怒りが怒りを呼ぶ」ケースや，信頼が深いほど裏切られたときの悲しみが大きいなど，ひとつの感情が別の感情に影響したり連鎖したりする。そのため，感情や感情表現に関する知識，感情同士の連鎖に関する理解があると相手の感情を理解しやすくなる。

(4) 感情の調整

次の行動に合わせて自分の感情を調整する能力，最終的な自身の振る舞いを決定することである。つまり，瞬間的な感情に振り回わされずに自身の意思に基づいて感情を制御することであり，これを実行するには「感情の認識」「感情の利用」「感情の理解」のスキルが要求される。また，適切な行動には適切な判断が必要である。そのため，たとえば「自分は会議で反対意見を出されたときに怒りの感情が湧きやすい」「日頃は笑顔が多い部下が今日はムスッとしている」など，自分の感情や周りの状況をモニタリングし，パターンや基準を分析することも必要とされる。

第2節　組織心理

1.　モチベーション

　モチベーションとは，個人の内部および外部にその源を持つ一連の活力の集合体であって，仕事に関連する行動を始動し，その様態や方向性，強度，持続性を決定づけるものと定義されている。また，とくに仕事場面におけるモチベーションをあえて「ワーク・モチベーション」と呼ぶ。モチベーションには，目標がある。つまり，目標がないところにはモチベーションが生まれない。そのため，モチベーションを考えるときには，どのような目標がモチベーションに影響を与えるのか，モチベーションを高めるにはどのような目標が効果を持つのかといった目標とモチベーションの関係を理解することが必要である。

2.　能力とモチベーション

　モチベーションだけで目標に到達できるものではなく，適切な能力も必要とされる。目的を成し遂げることが可能となるには，能力がありモチベーションもあって初めてできることである。しかし，能力を伸ばすことは簡単ではない。習い始めた外国語がすぐペラペラになるということはない。しかしながら，モチベーションは，気が重たかった営業の仕事がちょっと褒められたことでモチベーションが湧いてきた，気分良く仕事が進んでいたのに上司の一言でやる気が失せたなどということがある。このように，モチベーションは少しの刺激で大きく変化するものである。そのため，長期にわたって安定した成果を出すには，モチベーションのコントロールを大切にしていくことが必要である。

　ところで，モチベーションには，外発的モチベーションと内発的モチベーションがある。外発的モチベーションは，人は気が向かない仕事は力が入らないのでできるだけ手早く終わらせたいし，隙があれば逃げ出したいと思うものである。しかし，その気が乗らない仕事でも，ボーナスが出るとか昇格してもらえるなどという場合には，嫌な仕事であってもモチベーションが湧いてくる。このように，外から与えられるものによって発動するモチベーションを言う。また，「はまる」という言い方がある。フィットネスにはまる，ゲームにはまる，ウォーキングにはまる，ドラマにはまるなど，はまる対象は種々ある。いずれもそれをすることが好きだから，楽しいからという感覚であり，外からの刺激や報酬には左右されない。このことは，自分の内部から湧き出る充足感や喜びの感覚が根底にあり発動されるモチベーションである。このようなモチベーションを内発的モチベーションと言う。デシによると，自分自身がその行動を選び自分自身の意思で動いているという感覚，そして「やればできる」という感覚が内発的モチベーションの強い要因になると言っている。前者の自分自身の意思で動いているのは「自己決定」の感覚，後者のやればできるのは「有能感」の感覚と言う。

3. 組織の成長

　目的を達成するためにそれぞれの役割を持つ個人やチームで構成されている団体が組織である。メンバー間の人間関係が良好で雰囲気が良く，離職率が低く，知識やノウハウが社内に蓄積・共有され，人の成長が促進され，生産性が高い状況になることを組織の成長と言う。そのため，売り上げ，利益が伸びたからといって組織を成長させることなく人を増やすと次のような問題が起きる。

①メンバー間の関係が希薄になり，上司・部下の関係がとくに希薄になる。
②人間関係の希薄から，部下に対する十分な指導が行われず，そのため部下の成長が遅く組織全体の生産性が落ちる。
③知識やノウハウは属人化し，蓄積・共有が行われず，個人間の成果に差が生じ，そのため社員が辞めるとその知識やノウハウは失われる。
④組織内の居心地が悪く，離職者が増え人が定着しない。
⑤経営陣と現場の対立や部署間での対立などが起き，社内で分裂が生じる。

　そのため，上述のような状況に陥らないようにするために組織を成長させる取り組みを行い，組織の成長に合わせて人を増やしていくようにする。

第3節　顧客心理

　人は自分が思っていることを，相手も分かってくれているという感覚になるときがある。しかし実際には，それほど相手は自分の思っていることが分かっていない。顧客心理を考えるとき，相手がどう思っているのかに注目すると，良い関係を築くことができ，相手の満足度も高まる。そのため，顧客心理は次の事項を考えるとよい。

①歓迎期待：自分が受け入れられ，気持ち良く迎えられたいという気持ちである。
②自分本位：自分の物差しで世の中が回ってほしい，珍しいものや新しいものなどを手に入れたい気持ちである。
③優越を感じたい：他の人より優れていたい・優れていると思われたい，恥をかきたくないという気持ちである。
④まねをしたい：いいと思うモノや人をまねしようとする気持ち，周りの人と同じようにしたいという気持ちである。
⑤独り占めしたい：自分ひとりで相手を独占したい気持ちである。
⑥損をしたくない：自分が受け取るものが他より劣っていてほしくないというメリットのあるものを求める気持ちである。

また，売り上げは，「顧客を増やす」「顧客の来店回数を増やす」「顧客単価を上げる」ことによって，増えると言われている。これらのことは，顧客の態度変容によるものと考えられる。社会心理学によれば，態度変容と考えると，「認知的不協和（第10章）」「バランス理論（第10章）」「カリギュラ効果」があり，認知と考えれば，「シャルパンティエ効果」「バンドワゴン効果」などがある。

1. カリギュラ効果

　人は，何かを禁止されたとき，余計にそれが気になってしまうものである。このことをカリギュラ効果と言う。カリギュラ効果は，米国で放映された映画「カリギュラ」があまりにも過激なシーンや性的なシーンが多かったため，ボストンでは放映禁止となった。この放映禁止に対して反発した市民は，カリギュラを鑑賞するためにボストン近郊の映画館まで行ったことに由来する。広告のキャッチコピーでは「○○な人は絶対に見ないでください」「悪用厳禁！」のような形で使われることがよくある。

2. シャルパンティエ効果

　シャルパンティエ効果とは，数字の表現によって受け取る印象が変わることである。たとえば，「1kgの鉄アレイ」と「1kgの羽毛」は，重さ1kgで同じであるが，印象がまったく異なる。1kgの鉄アレイは重く固い印象だが，1kgの羽毛は重さよりもその量がイメージされやすい。このことは，数字や比較対象の置き換えによって，得られる効果や印象をより効果的に言っている。たとえば，「ビタミンCが1,000mg配合」「レモン果汁50個分のビタミンC」としたとき，1,000mgではどれくらいの量なのかイメージしにくいが，レモン果汁50個分とすればある程度イメージがつきやすい。また，数字を使ったマジックのようであるが，「ただ今クリアランスセールにつき全品40%オフ，さらにレジにて20%値引きしています」とアナウンスされたとすると，60%も安くなると思ってしまう。しかし，実際には，40%オフの値段から20%オフとなるので52%オフである。これは，2回も値引きしてくれるということで，単純に60%と思ってしまうためである。

【参考文献】

藤森立男（編著）(2010). 産業・組織心理学. 福村出版.

重野 純・高橋 晃・安藤清志（監修）角山 剛（編）(2011). 産業・組織. キーワードシリーズ12. 新曜社.

人名索引

事項索引

た行

軽部幸浩（かるべ ゆきひろ）

担当：第1章，第2章，第3章，第4章，第5章，第13章，第14章

駒澤大学文学部社会学科卒業。駒澤大学大学院人文科学研究科博士後期課程単位取得満期退学。応用心理士・認定心理士・認定心理士（心理調査）。専門は精神生理学，教育心理学。主な著書・論文に『科学的虚偽検出の最前線』（共著；多賀出版，2004），『応用心理学ハンドブック』（分担執筆；福村出版，2022），「犯罪に関するイメージ調査——SCIT の質問項目の検討」（応用心理学研究，46（3），2021）など。

長澤里絵（ながさわ りえ）

担当：第6章第2節，第9章，第10章，第11章

Department of Psychology, Northeastern University 卒業。立正大学大学院心理学研究科心理学専攻博士後期課程単位取得満期退学。応用心理士。専門は対人感情の心理学。現在は P&E 研究所代表。主な著書・論文に『実験心理学——なぜ心理学者は人の心がわかるのか？』（分担執筆；ナツメ社，2012），『応用心理学ハンドブック』（分担執筆；福村出版，2022），「大学生における怒り経験とその規範逸脱性についての検討」（共著；立正大学心理学研究年報，4，2013）など。

黒住享弘（くろずみ たかひろ）

担当：第6章第1節・第3〜6節，第7章，第8章，第12章

駒澤大学文学部社会学科卒業。日本大学大学院文学研究科心理学専攻博士課程前期修了。臨床心理士。専門は臨床心理学，老年心理学。現在は湘南さくら病院。

こころの行動と発達・臨床心理学

2023 年 6 月 10 日　初版第 1 刷発行
2024 年 3 月 30 日　　　第 2 刷発行

編著者	軽部幸浩
著　者	長澤里絵・黒住享弘
発行者	宮下基幸
発行所	福村出版株式会社
	〒 113-0034　東京都文京区湯島 2-14-11
	電話　03-5812-9702 ／ファクス　03-5812-9705
	https://www.fukumura.co.jp
印刷・製本	中央精版印刷株式会社

定価はカバーに表示してあります。
落丁本・乱丁本はお取り替えいたします。